과학 교과 연계

4학년 1학기
3단원. 식물의 한살이

4학년 2학기
1단원. 식물의 생활

5학년 2학기
2단원. 생물과 환경

6학년 1학기
4단원. 식물의 구조와 기능

몹시도 수상쩍다 5

글 서지원

강릉에서 태어나 한양대학교를 졸업하고 [문학과 비평]에 소설로 등단해, 지식과 교양을 유쾌한 입담과 기발한 상상력으로 전하는 이야기꾼입니다. 지금은 어린 시절 꿈인 작가가 되어 하루도 빠짐없이 글을 쓴답니다. 서울시 올해의 책, 원주시 올해의 책, 문화체육관광부와 한국도서관협회가 뽑은 우수문학도서 등에 선정된 저서 외에도 2011년부터 초등학교와 고등학교 교과서를 집필했습니다. 쓴 책으로 〈호랑이 빵집〉, 〈신통방통 수학〉, 〈빨간 내복의 초능력자〉, 〈자두의 일기장〉, 〈신통한 책방 필로뮈토〉 시리즈와 《지구를 위해 달려라, 적정 기술》, 《나라에 일이 생기면 누가 해결하지?》, 《우리 엄마는 모른다 》 등 250여 종이 있으며, 현재 초등학교 교과서 집필진으로 활동 중입니다.

그림 한수진

따뜻하면서도 정감 어린 그림으로 어린이책에 생명력을 불어넣는 그림작가입니다. 어린이들에게 상상력을 불어 넣으려고 다양한 기법의 그림을 시도하고 있습니다. 세상의 모든 어린이가 책 속에서 즐거운 자신만의 세계를 찾아가며 자신들의 꿈을 펼쳐가길 바랍니다. 그동안 그린 책으로는 《악플 전쟁》, 《우리 또 이사 가요》, 《국경을 넘는 아이들》, 《바른 말이 왜 중요해?》, 《급식 마녀와 멋대로 마법사》, 《치즈 붕붕 과자 전쟁》 등이 있습니다.

몹시도 수상쩍다

5. 식물의 결혼식

초판 1쇄 펴낸날 2024년 5월 30일

글 서지원 **그림** 한수진

펴낸이 허경애

편집 최정현, 김하민 **교정** 정은숙 **디자인** 위드 **마케팅** 정주열

펴낸곳 도서출판 꿈터 **출판등록일** 2004년 6월 16일 제313-2004-000152호

주소 서울시 마포구 양화로 156, 엘지팰리스빌딩 825호

전화번호 02-323-0606 **팩스** 0303-0953-6729

이메일 kkumteo2004@naver.com **블로그** blog.naver.com/kkumteo- **인스타** kkumteo

ISBN 979-11-6739-109-4 ISBN 979-11-6739-079-0(세트)

어린이제품안전특별법에 의한 제품 표시

제조자명 꿈터 | **제조연월** 2024년 5월 | **제조국** 대한민국 | **사용연령** 8세 이상 어린이 제품

주의사항 종이에 베이거나 긁히지 않도록 조심하세요. 책 모서리가 날카로우니 던지거나 떨어뜨리지 마세요.

KC 마크는 이 제품이 공통안전기준에 적합하였음을 의미합니다.

몹시도 수상쩍다

5 식물의 결혼식

서지원 글
한수진 그림

꿈터

식물은 동물보다 약한 생명일까요?

동물은 뇌도 있고, 폐도 있고, 간도 있고, 신장도 있지요. 그러나 식물은 뇌도 없고, 다리도 없어서 동물이 공격해도 움직이지 못해요. 그래서 사람들은 식물은 동물에 비해 약하고 능력이 부족한 생명이라고 생각하고, 식물을 함부로 자르고, 뜯고, 짓밟고, 뽑곤 하지요.

하지만 식물이 만약 뇌가 있다면? 폐도 있고, 간도 있고, 신장도 있다면? 동물이 식물의 뇌를 공격하면 식물은 죽고 말아요. 동물이 식물의 폐나 간이나 신장을 공격하면 이 기관 가운데 하나만 망가져도 식물은 죽고 말지요.

그렇지만 식물은 동물이 자르고, 뜯고, 짓밟아도 살아남아요. 왜냐하면, 식물은 뇌가 없어도 기억하고, 폐가 없어도 숨을 쉬거든요. 동물에게 있는 기관이 식물에는 몸 전체에 다 있어요. 그래서 식물은 동물보다 강인한 생명력을 갖고 있는 거예요.

식물은 뇌가 없지만, 그렇다고 기억 못 하는 건 아니에요. 식물도 사람처럼 학습해요. 예를 들어 '미모사'라는 식물은 위험을 느끼면 잎이 시든 잔가지처럼 움츠려 맛없어 보이는 척 위장해요. 그런데 자꾸 쓰다듬으면 미모사는 쓰다듬는 게 위험하지 않다고 학습하고 나중에는 쓰다듬어도 잎을 접지 않아요. 식물의 뿌리는 뇌 같은 역할을 해요. 뿌리를 통해 정보를 수집하고, 그 정보를 이용해 생명을 유지해요.

식물은 절대 약하지 않아요. 그래서 사람이 살 수 없는 얼어붙은 바위에서도, 북극의 자갈밭에서도, 사막의 뜨거운 모래밭에서도 식물은 살고 있어요. 식물은 불 속에서도 살아남는 방법을 알고 있고, 태풍 속에서도, 물속에서도 살아남는 방법을 알고 있지요.

그러면, 사람은 식물 없이 살 수 있을까요? 지구에 사는 어떤 동물도 식물 없이는 살 수 없어요. 식물이 사라지면 지구는 죽음의 행성으로 변해버릴 거예요. 식물이 만드는 산소로 동물은 숨 쉬고 살아요. 식물은 먹이사슬 가장 아래에 있어요. 동물들은 식물을 먹고 생명을 유지해요. 직접 식물을 먹지 않는 육식 동물이라고 해도, 식물을 먹는 동물을 잡아먹어야 살 수 있어요. 이처럼 식물은 사람에게 식량도 주고, 산소도 주지요.

식물은 사람의 마음을 치유해 줘요. 병원에서 환자가 창가에 누워 식물을 바라보면 치료 기간이 단축된다고 해요. 식물을 키우면 마음이 차분해지고, 나무 사이를 걸으면 스트레스가 줄어들어요. 국제 우주정거장에서 상추 같은 식물을 재배해요. 단지 먹으려고 키우는 게 아니라 식물을 키우면 정신 건강이 좋아지기 때문이에요.

지금도 지구 곳곳에서 사람들은 욕심 때문에 풀을 뽑고, 나무를 없애고, 숲을 파괴해요. 식물이 없으면 사람은 살 수 없어요. 그 어떤 동물도 살 수 없지요. 말 못 하고 움직이지 못하는 생명이라고 식물을 무시하고 함부로 죽여서는 안 돼요. 식물이 없는 인류는 멸종할 테니까요. 식물은 지구 생명체 전체의 의식주를 책임지는 생명이란 걸 잊어서는 안 돼요.

작가 서지원

차례

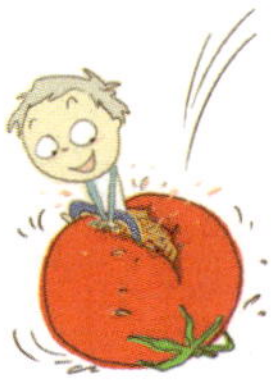

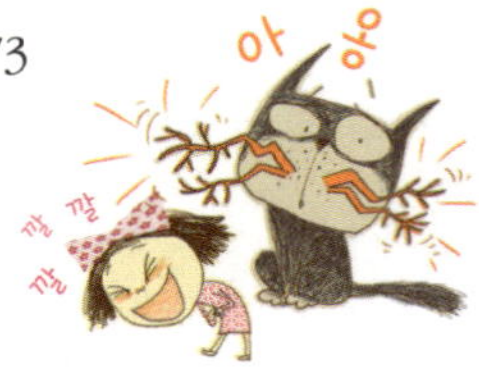

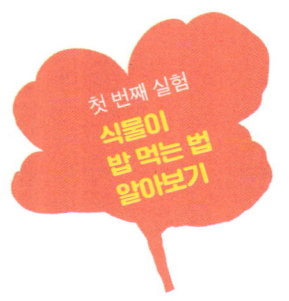

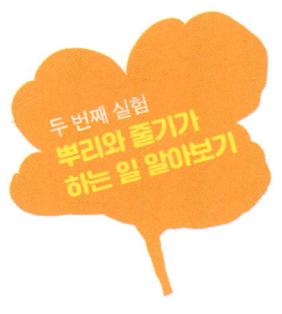

세 번째 실험

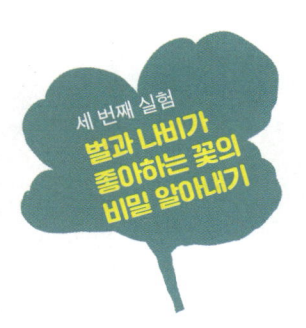

벌과 나비가 좋아하는 꽃의 비밀 알아내기

식물들의 결혼식

네 번째 실험

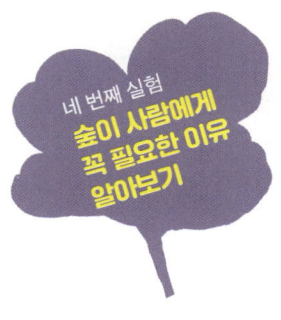

숲이 사람에게 꼭 필요한 이유 알아보기

돼지 행성을 푸름으로 만들어라!

과학교실에 나오는 사람들

공부왕 교장 선생님

돌돌 말린 모기향 수염과 작달막한 다리 때문에 '황제펭귄'으로 불려요.

이아로

엄청난 개구쟁이로, 눈에 보이는 모든 것을 장난감으로 활용할 수 있어요. 사고뭉치에다 말썽꾸러기지만, 호기심 넘치고, 위기의 순간에 아이들을 이끌 줄 아는 리더랍니다.

건우

소심한 부끄럼쟁이지만, 차분하고,
신중한 게 건우의 매력이에요.
공부균 선생님과 함께하면서
점점 밝아지고 자신감을 되찾아요.

공부균 선생님

“난 세상에서 가장 유익한 균이지.”
도무지 무슨 일을 벌일지 알 수 없는
사고뭉치 선생님이에요.
썰렁한 농담을 아주아주 잘해요.

혜리

차갑고 도도해 보이지만,
누구보다 여리고
따뜻한 속마음을 가진
소녀랍니다. 과학 상식이
아주 풍부한 똑순이지요.

에디슨

덩치만 컸지 얼마나 겁이 많다고요.
야옹 소리보다는 어흥 소리가
더 어울릴 것 같지만,
엄연히 고양이랍니다.

돼지 행성에서 식물이 되었어요

첫 번째 실험

식물이 밥 먹는 법 알아보기

창의력 호기심

식물은 밥 안 먹고, 무엇을 먹고살까요?
씨앗이 자라려면 어떤 조건이 필요할까요?
식물의 뿌리는 어떻게 물을 빨아들일까요?

엉망진창 돼지 행성

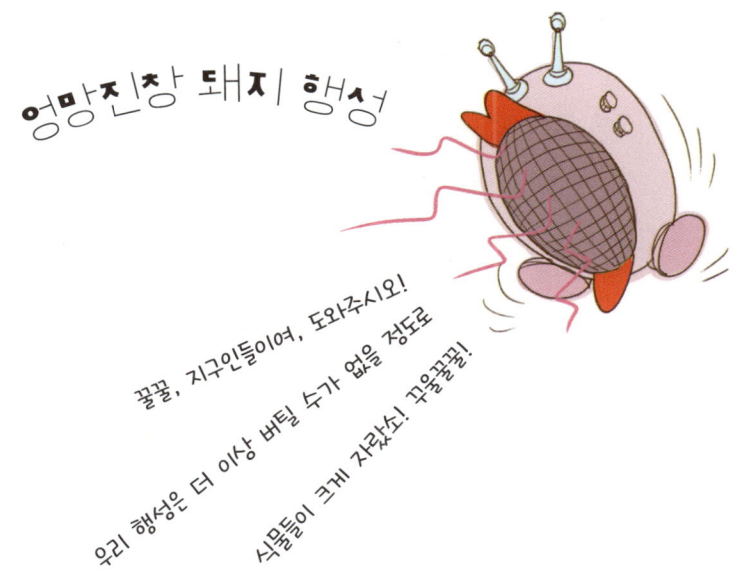

꿀꿀, 지구인들이여, 도와주시오!

우리 행성은 더 이상 버틸 수가 없을 정도로

식물들이 크게 자랐소! 꾸울꿀꿀!

돼지 행성에서 온 무전을 들은 아로와 건우, 혜리, 그리고 에디슨과 공부균 선생님은 엘리베이터를 타고 돼지 행성으로 가려고 했다. 그런데 갑자기 엘리베이터 문이 억지로 열리더니 공부왕 교장 선생님이 나타났다.

“학생들이 공부는 하지 않고 어딜 가려는 거죠?”

“그, 그게!”

그때 또다시 돼지 행성에서 무전이 왔다.

“꿀꿀, 지구인들이여, 우릴 도와주시오!”

"공부하고 또 공부해야 할 시간에 대체 어딜 가냐고요?"

공부왕 교장 선생님이 또박또박 따져 물었다.

"그러니까……."

아로가 우물쭈물하는 사이 엘리베이터 엔진이 발사되어 버렸다.

슈-우-웅!

엔진이 엄청난 열을 내뿜으며 우주 공간을 향해 날아갔다.

아로와 건우, 혜리는 공부왕 교장 선생님의 표정을 가만히 살폈다. 교장 선생님은 엘리베이터가 하늘을 뚫고 우주로 날아가는데도 별로 놀라지 않는 눈치였다.

"교장 선생님은 우주로 가는 게 무섭지 않은가 봐요?"

"그럴 리가요. 난 지금 매우 당황하고 있습니다."

"아!"

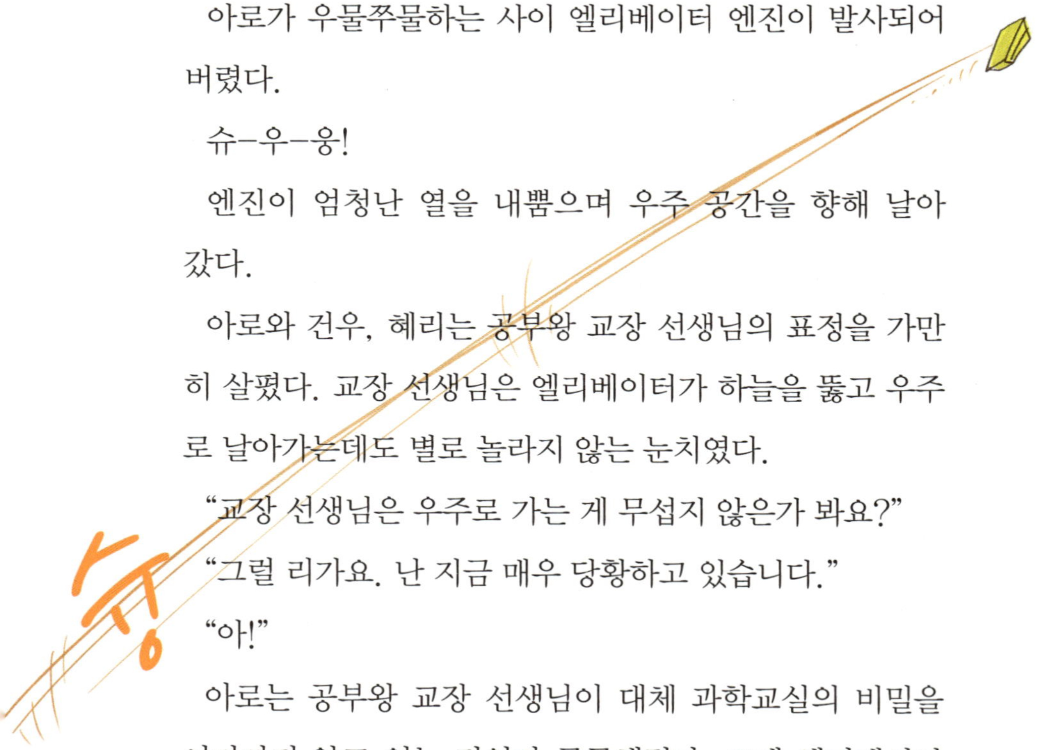

아로는 공부왕 교장 선생님이 대체 과학교실의 비밀을 어디까지 알고 있는 것일까 궁금해졌다. 그때 엘리베이터가 어딘가로 쿵 떨어지는 소리가 났다. 이윽고 밖에서 꿀꿀, 꿀꿀 소리가 들려왔다.

“돼지 행성에 도착했나 봐요!”

“아주 빠르군요.”

이번에도 공부왕 교장 선생님은 아주 태연했다. 아로는 제일 먼저 엘리베이터의 열림 버튼을 눌렀다. 그러자 온통 푸릇푸릇한 색깔의 풀밭이 펼쳐졌다.

"엇, 여긴 온통 풀밭이야!"

"우와, 풀들이 파도처럼 출렁거리고 있어!"

아이들이 감탄하고 있을 때 에디슨이 코를 킁킁거리며 밖으로 나갔다. 에디슨은 커다란 코를 벌름거리더니 입을 앙! 벌렸다.

우걱우걱!

에디슨은 풀을 먹어치우느라 정신이 없었다. 돼지 행성 가득 펼쳐진 풀들은 고양이가 가장 좋아하는 캣닢이었다.

"우리가 돼지 행성이 아니라 고양이 행성에 온 거 아닐까?"

혜리가 중얼거릴 때, 이상한 목소리가 들렸다.

"아니, 여긴 돼지 행성이야. 너희가 우릴 도와주러 온 지구인들이지?"

목에는 빨간 나비넥타이를 하고, 꽃무늬 바지를 입고, 등에는 바주카포를 매단 채 선글라스를 쓴 돼지가 나타났다.

"난 이 돼지 행성을 다스리는 킹왕짱이라고 한다."

"아!"

아로는 단번에 킹왕짱 돼지의 목소리를 알아들었다. 무전으로 제초기를 구해달라고 하던 그 돼지가 틀림없었다.

"어쩌다 행성이 온통 캣닢 밭이 되어 버린 거예요?"

"저깐 풀은 문제가 아니야. 정말 심각한 건……."

킹왕짱 돼지가 무언가를 말하려는데 갑자기 땅에서 엄청나게 굵고 거대한 뿌리들이 우두둑 올라오기 시작했다. 뿌리들은 마치 살아 있는 것처럼 주변을 더듬거리더니 엘리베이터를 와지끈 감싸버렸다.

"으악!"

엘리베이터는 뿌리에 갇혀 버렸다. 마치 거미가 먹이를 칭칭 감듯이 뿌리들이 엘리베이터를 감싸 쥐었다.

뿌리는 감싼 엘리베이터를 먹어치우려는 듯 있는 힘껏 힘을 주었다. 그러자 엘리베이터의 파편이 여기저기 튕겨 나갔다.

"저 뿌리가 지금 엘리베이터를 먹어치우려는 것 같지 않아?"

아로의 눈에 뿌리는 몹시 배가 고픈 것 같았다.

"엘리베이터는 소화가 안 될 텐데!"

빠지직
드드득

드드드
파앙

"제발 우리 엘리베이터를 돌려줘!"

건우와 혜리가 뿌리를 향해 외쳤다.

"에잇! 당장 우리 엘리베이터를 놔 줘!"

아로가 발로 뿌리를 걷어차며 소리쳤다. 그러자 뿌리들이 마치 살아 있는 것처럼 아로와 건우, 혜리를 향해 다가오기 시작했다.

"안 되겠다, 도망쳐!"

아로가 아슬아슬하게 뒤로 물러섰다. 그러자 이번에는 또 다른 뿌리가 건우와 혜리를 공격하려 했다. 그때 킹왕짱 돼지가 등에 메고 있던 바주카포를 팡 쏘았다.

그러자 순간 불에 탄 뿌리들이 화르르 재가 되어 버렸다.

"헉!"

"놀랄 거 없어. 시간이 지나면 다른 뿌리들이 찾아올 테니까."

"저 뿌리들은 무얼 찾고 있는 거죠?"

"나도 모르겠어……."

킹왕짱 돼지는 아주 오래전 아름답고 풍요로웠던 돼지 행성이 그립다며 말끝을 흐렸다.

그렇게 풍요로웠던 돼지 행성이 풀과 나무가 자라지 않는 아주 황량하고 거친 땅을 가진 행성이되었다고 한다.

그러던 어느 날, 우주에서 아주 커다란 씨앗 하나가 날아왔는데 그것이 땅에 뿌리를 내리고 자라기 시작하면서 돼지 행성은 엉망진창이 되어 버렸다고 했다.

"그 씨앗은 엄청난 번식력을 갖고 있었지. 정말 눈 깜짝할 사이에 씨앗이 자라서 우리 행성을 몽땅 뒤덮어 버렸어."

"씨앗이 저절로 싹을 틔웠나요?"

아로가 묻자 킹왕짱 돼지가 고개를 끄덕였다.

"음, 씨앗이 싹을 틔우려면 몇 가지 조건이 필요한데."

공부균 선생님의 말에 킹왕짱 돼지가 머리를 긁적이더니 뭔가를 떠올린 듯 "아!" 하고 외쳤다.

"그러고 보니 씨앗이 날아오고 얼마 되지 않아서 엄청난 비가 왔어. 그러더니 갑자기 날이 더워진 거야. 우리 모두 삼겹살 구이가 되는 줄 알았다고."

"흐음, 씨앗이 자라는 데 필요한 모든 조건을 갖추었던 거로군요."

공부균 선생님이 고개를 끄덕끄덕할 때였다. 바주카포를 맞고 날아간 거대한 식물 뿌리가 꿈틀거리더니 다시 아로와 아이들을 공격하려 했다. 그때 캣닢을 진탕 먹어치운 에디슨이 "왕!" 하고 앙칼지게 소리쳤다.

에디슨이 입을 쩍 벌리자 깻닢 냄새가 사방으로 퍼져나갔다. 그 순간 거대한 식물 뿌리가 도망치듯 사라져 버렸다.

식물도 목마르다고?

돼지들은 거대한 식물 뿌리를 내쫓은 에디슨을 영웅처럼 떠받들며 돼지 궁전으로 모셔 갔다. 궁전의 주인은 킹왕짱 돼지가 아니라 에디슨으로 바뀐 것 같았다.

에디슨이 "야옹!" 하면 부채질을 했고, 에디슨이 앞발을 척 내밀면 발톱 관리를 해 주고, 에디슨의 빗질만 담당하는 돼지가 따로 생겼을 정도였다.

"야아옹!"

"아이고, 에디슨 님! 졸리시나요?"

"여기, 여기 푹신한 자리를 봐두었습니다!"

에디슨은 도도하게 자리를 향해 걸어갔다. 그 모습을 본 아로가 입술을 삐죽 내밀었다.

"에디슨은 여기가 좋은가 봐."

"혜리야, 네가 과학교실로 돌아가자고 꼬드겨 봐."

건우와 아로가 혜리의 옆구리를 툭 치며 말했다. 혜리는 그런 에디슨을 꾀려고 낚싯대 장난감을 흔들거렸다.

"에디슨, 착하지? 인제 그만 엘리베이터로 돌아가자."

그러거나 말거나, 에디슨은 이제 낚싯대 장난감 따위엔 관심도 없다는 듯 앞발만 할짝할짝 핥았다. 그렇게 해서 아로와 아이들, 그리고 공부균 선생님과 공부왕 교장 선생님은 어쩔 수 없이 돼지 행성에서 지내게 되었다.

"이건 도저히 참을 수 없어요! 공부할 시간이 한참 지났다고욧!"

화가 난 공부왕 교장 선생님은 당장 지구로 돌아가야겠다고 말했다. 하지만 그 거대한 식물의 뿌리가 언제 또 나타나 공격해 올지 모르는 일이었다.

"우리끼리 엘리베이터로 가는 건 위험해요."

"맞아요. 에디슨만이 그 거대 뿌리를 이길 수 있잖아요."

아이들의 말에 공부왕 교장 선생님은 콧방귀를 꼈다.

"흥, 여러분이 갈 수 없다면 나 혼자서라도 가겠어요!"

그렇게 공부왕 교장 선생님은 성큼성큼 돼지 궁전 밖으로 나갔다.

"공부왕 교장 선생님이 괜찮을까? 그 거대 뿌리가 또 나타나면 어떡해."

건우가 창밖을 바라보며 걱정스레 물었다.

"교장 선생님은 어른이니까 안전하실 거야."

아로가 대수롭지 않게 얘기했지만 사실 교장 선생님이 걱정되긴 했다. 엘리베이터까지 우지끈 부숴 버릴 정도로 엄청난 힘을 가진 거대 뿌리가 공격해 오면 큰일 날 것 같았다.

"에잇, 안 되겠다."

아로는 혜리와 건우에게 공부왕 교장 선생님이 있는 곳으로 가보자고 했다. 그렇게 해서 아이들은 돼지 궁전을 빠져나와 캣닢 들판으로 향했다. 얼마나 길을 갔을까. 넓은 들판이 나타났다.

"여기 어디 즈음에 엘리베이터가 추락했는데."

"거대 뿌리도 안 보여!"

아이들이 두리번거릴 때였다. 갑자기 수풀 속에서 공부왕 교장 선생님의 비명이 들려왔다.

"꺄아악!"

아이들이 일제히 수풀로 뛰어들었다. 그러자 거대 뿌리에 몸이 칭칭 감긴 공부왕 교장 선생님이 버둥거리며 소리쳤다.

꺄아악
백 번!
와아!

"여러분, 나를 살려주세요! 그러면 암기 시험을 세 번 미뤄 주겠어요!"

"에이, 고작 세 번이요?"

"그럼 네 번? 아니, 다섯 번!"

거대 뿌리가 공부왕 교장 선생님을 더 세게 옥죄였다.

"아니, 아니. 100번!"

공부왕 교장 선생님의 외침에 아이들은 "와아!" 하고 함성을 내질렀다. 그러자 거대 뿌리가 이번에는 아이들을 붙잡으려고 뻗어왔다. 그때 아로에게 좋은 생각이 떠올랐다.

"얘들아, 뿌리한테는 눈이 없잖아!"

"그래서?"

"그러니까 우리가 여기저기서 소리를 내어 유인하면 속아 넘어가지 않을까?"

"그럴 수도 있겠네!"

"역시, 아로 넌 잔머리만큼은 우주 최강이라니까!"

건우와 혜리가 아로의 아이디어에 감탄했다.

아로와 건우, 혜리는 커다란 바위 앞으로 갔다. 그런 다음 거대 뿌리를 향해 오른쪽, 왼쪽, 위쪽에서 소리쳤다.

"야, 여기야!"

"아니, 여기야, 여기!"

"나 잡아 봐라!"

아이들의 목소리를 들은 뿌리가 스르륵 움직이기 시작했다. 아로와 건우, 혜리는 여기저기 돌아다니며 나 잡아 보라고 소리를 쳤다. 그러자 뿌리는 아로와 아이들을 붙잡으려고 왔다 갔다 했고, 그 바람에 자기들끼리 엉켜버리고 말았다.

"냐하하, 뿌리가 꼼짝도 못 하게 됐군!"

이렇게 해서 공부왕 교장 선생님을 무사히 구해 낸 아로와 아이들은 다시 킹왕짱 돼지의 궁전으로 향했다.

"으, 너무 많이 뛰었더니 목 마르다."

"얼른 들어가서 물을 마셔야겠어!"

아로가 궁전 문을 열며 공부왕 교장 선생님을 힐끗 바라보았다.

"교장 선생님, 아까 약속은 잊지 않으셨죠?"

"무, 무슨 약속?"

"암기 시험 말이에요, 100번 빼주겠다는 약속!"

"흥!"

아이들은 신난다며 궁전 문안으로 들어갔다. 그러자 공부왕 교장 선생님이 분한 표정으로 주먹을 꼭 쥐고 망설였다.

"공부왕 교장 선생님! 어서 오세요!"

건우가 손을 흔들자 교장 선생님은 마지 못해 궁전 안으로 다시 들어왔다. 그때 문이 닫히기 전에 무언가 아주 가늘고 기다란 것이 궁전 안으로 함께 들어왔다. 이 사실을 눈치채지 못한 아이들은 벌컥벌컥 물을 마시기 시작했다.

아로는 엄청나게 큰 물주전자를 통째로 들고 물을 마셨다.

"우와, 그 많은 물이 한꺼번에 다 배에 들어가?"

"마셔도 마셔도 목이 마른 건 왜 그러지?"

아로가 볼록한 물배를 문지를 때, 건우가 물을 먹다가 기침을 해댔다. 그 바람에 건우는 바닥에 물을 엎지르고 말았다.

"이크, 물을 쏟아 버렸네."

"내가 닦을 걸 가져올게."

혜리는 주변을 두리번거리면서 물 닦을 걸 찾았다.

쭉쭉쭉-.

가늘고 기다란 무언가가 바닥에 있는 물을 빨아들이기 시작했다. 그건 아까 공부왕 교장 선생님의 뒤를 따라 들어온 정체불명의 생명체였다.

"우와, 얘가 물을 다 먹어 치웠어! 그래도 아직 목이 마른 것 같은데?"

아로는 신기하다며 주전자를 내밀었다.

쭉쭉쭉쭉-.

그것은 물을 주는 대로 계속 빨아들였다.

"으흠, 이것의 정체는 뭐지?"

"눈도 없고, 코도, 입도 없는데 어떻게 물을 먹는 거지?"

혜리와 아로는 고개를 갸웃거렸다.

때마침 밖으로 나온 공부균 선생님이 화들짝 놀라 소리쳤다.

"잠시만!"

공부균 선생님이 가까이 다가와 정체불명의 생명체를 살펴봤다.

"얘들아, 이것 역시 식물의 뿌리란다."

"뿌리라고요?"

아로와 혜리가 동시에 외치는 순간.

와르르르-.

궁전 벽이 무너지더니 어마어마하게 거대한 식물 줄기가 나타났다.

꿈틀, 꿈틀, 꿈틀…….

거대한 식물의 줄기가 아로와 아이들 쪽으로 움직이기 시작했다. 놀란 킹왕짱 돼지가 바주카포를 쏘려 했다. 그때 공부균 선생님이 소리쳤다.

"잠깐, 이 식물의 줄기는 우리를 해치려는 게 아닌 것 같아."

"엇, 방금 식물의 줄기가 까딱 고개를 숙였어!"

거대한 식물의 줄기와 뿌리는 아로와 건우, 혜리에게 물을 주어 고맙다고 인사를 하듯 고개를 까딱하더니 어딘가로 스르륵 사라져 버렸다.

“음, 아무래도 저 식물은 무척 목이 말랐나 봐.”

“우리가 물을 주어서 엄청 고마웠나 봐.”

“하하!”

아로와 아이들은 한바탕 웃고는 멋쩍은 표정을 지었다.

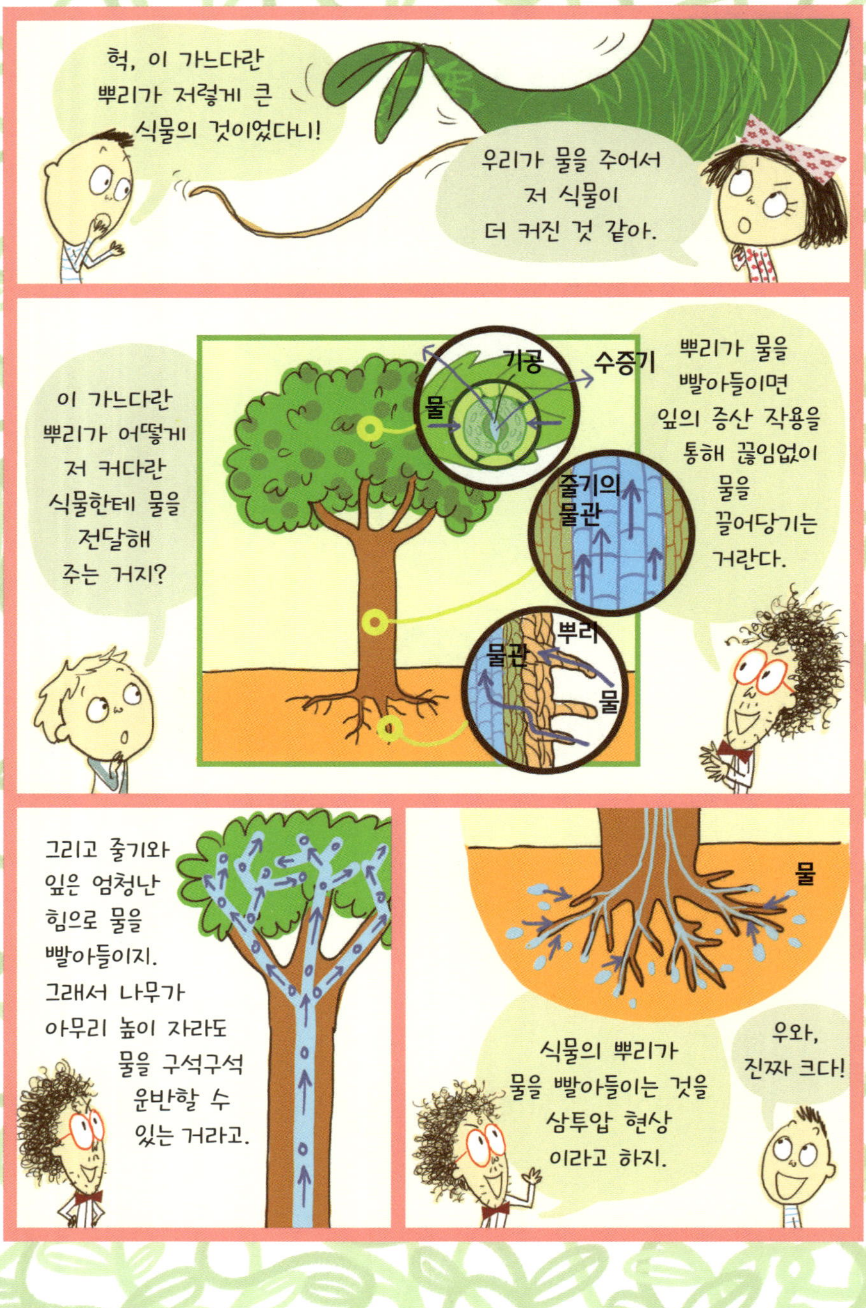

헉, 이 가느다란 뿌리가 저렇게 큰 식물의 것이었다니!
우리가 물을 주어서 저 식물이 더 커진 것 같아.
이 가느다란 뿌리가 어떻게 저 커다란 식물한테 물을 전달해 주는 거지?
기공
수증기
물
줄기의 물관
뿌리
물관
물
뿌리가 물을 빨아들이면 잎의 증산 작용을 통해 끊임없이 물을 끌어당기는 거란다.
그리고 줄기와 잎은 엄청난 힘으로 물을 빨아들이지. 그래서 나무가 아무리 높이 자라도 물을 구석구석 운반할 수 있는 거라고.
물
식물의 뿌리가 물을 빨아들이는 것을 삼투압 현상이라고 하지.
우와, 진짜 크다!

식물이 되었어요

돼지 행성의 돼지들은 언제 어떤 식물이 나타날지 모르겠다며 불안해했다.

“어떻게 하면 식물을 없앨 수 있을까…….”

킹왕짱 돼지의 불안한 목소리를 들은 아로는 무심코 이렇게 말했다.

“아, 식물들이랑 이야기라도 할 수 있으면 좋을 텐데.”

“맞아, 그럼 진짜 원하는 게 뭔지 알아낼 수 있을 텐데.”

“하지만 식물한테는 눈도 없고 코도 없고 입도 없는데 무슨 수로 이야길 하겠어?”

아이들이 이야기를 주고받을 때였다. 공부균 선생님이 주머니를 뒤적뒤적하더니 젤리 한 봉지를 꺼냈다.

“이게 뭐예요?”

“간식인가요?”

아이들이 묻자 공부균 선생님이 빙그레 미소를 지으며 말했다.

"이건 식물대화젤리란다. 이걸 먹으면 식물들이 하는 이야기를 들을 수 있지. 그런데 한 가지 문제가 있……."

공부균 선생님이 채 말을 잇기도 전에 아로와 건우가 젤리를 입에 넣고 오물오물 씹어 버렸다.

동시에 아로와 건우의 몸이 콩알만큼 작아지더니 까만 씨앗으로 변했다.

"이제 어쩌죠?"

혜리가 바닥에 떨어진 아로 씨앗과 건우 씨앗을 집어 들었다. 공부균 선생님은 아로 씨앗과 건우 씨앗을 땅에 심은 다음 잘 자라도록 돌봐주어야 한다고 말했다. 그렇게 해서 열매를 맺게 되면 아로와 건우가 다시 원래 모습으로 돌아오게 된다는 것이었다.

"아빠! 그걸 왜 지금 말해주시는 거예요?"

혜리가 버럭 소리치자 공부균 선생님이 짱구 머리를 긁적이며 말했다.

"자세히 말하려고 했어. 그런데 이 녀석들의 동작이 나보

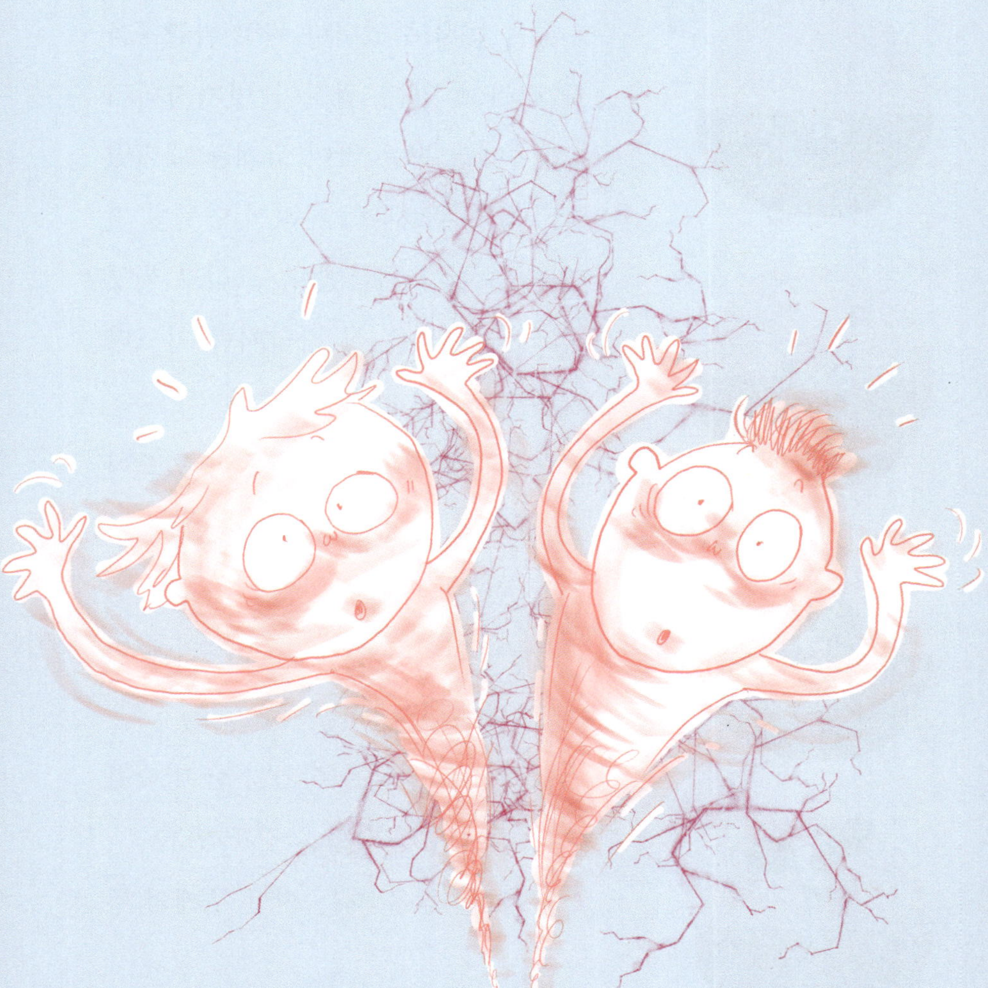

다 더 빨랐지 뭐야."

혜리는 서둘러 아로 씨앗과 건우 씨앗을 화분에 심었다. 그리고 물을 듬뿍 주었더니 씨앗 바깥쪽을 둘러싸고 있는 껍질이 벗겨지더니 그 속에서 작은 싹이 고개를 내밀었다. 싹은 무럭무럭 자라서 연둣빛 떡잎을 보이기 시작했다. 그리고 씨앗 한쪽에선 작은 실 가닥처럼 가느다란 뿌리가 생겨났다.

"이제 뿌리도 내렸고 싹이 텄으니 곧 줄기와 잎이 생길 거란다."

"그런 다음에는요?"

"꽃이 피었다가 지면 그 자리에 열매가 맺히겠지."

공부균 선생님은 손가락 한 마디를 가리키며 주의 사항을 강조했다.

"씨앗을 심을 때는 씨앗 두께의 두

세 배 깊이로 심어야 해."

"엇, 나는 구덩이 아주 깊은 곳에 씨앗을 묻어 두어야 하는 줄 알았어요."

혜리가 당황한 얼굴로 어깨를 으쓱했다.

"너무 깊게 심으면 공기가 잘 통하지 않아 쉽게 썩을 수 있어. 그렇다고 너무 얕게 심으면 흙의 물이 증발하여 씨앗에 충분한 물이 공급되지 못해 씨가 마르거나, 동물에게 쉽게 발견되어서 동물의 먹이가 되기도 쉽지."

혜리는 씨앗을 바라보며 흐뭇하게 웃었다.

"이 아이들 기특하지 않니?"

"누가?"

"내가?"

아로와 건우가 동시에 물었다.

"너희들 말고! 사람은 태어나서 자라기까지 엄마의 사랑도 필요하고 물과 먹을 것, 옷, 집 등 여러 가지가 필요한데, 씨앗은 물과 햇빛만 있으면 무럭무럭 자라잖아!"

혜리는 아로 씨앗과 건우 씨앗이 자라는 과정을 살펴보았다.

싹이 트고 두 장의 떡잎이 나왔고, 조금 있으니 떡잎 사이에서 본잎이 나왔다. 그 본잎이 쑥 자라서 잎과 줄기가 되더니 갑자기 잎이 많아지기 시작했다.

혜리가 화분에 물을 주고 따뜻한 햇볕이 있는 쪽으로 옮겨 주었더니 꽃이 활짝 피었다. 아로 꽃은 아로의 얼굴이랑 똑같이 생긴 꽃이었고 건우 꽃은 건우의 얼굴이랑 똑같이 생긴 꽃이었다.

"혜리야, 물 좀 더 줘!"

"난 뭔가 허전해. 거름이 필요한 것 같아."

"나도나도!"

"나도 물 좀 더 줘!"

꽃이 된 아로와 건우는 혜리에게 계속 물과 양분을 달라고 졸라댔다. 그러자 혜리가 눈을 부라리며 두 꽃에게 말했다.

"한 번만 더 부탁하면 둘 다 줄기를 꺾어 버릴 테다!"

아로는 어디로?

씨앗이 된 건우는 무럭무럭 자라서 열매를 맺었다.

건우 열매는 아주 탐스러웠다. 가까이 가면 코끝으로 향긋하고 달콤한 냄새가 날 정도였다. 시간이 지나자 건우 열매가 바닥으로 툭 떨어졌고, 그 속에서 건우가 튀어나왔다.

"우와, 식물이 되어 다시 자라려니 정말 지루하고 힘들었어!"

건우는 식은땀을 훔치며 말했다. 그런데 문제는 아로 씨앗이었다. 아로 씨앗은 틀림없이 꽃까지 피웠는데 열매를 맺지 않았다.

"아로는 어떡하지?"

꽃이 져버렸기 때문에 더 이상 아로의 목소리도 들을 수가 없었다. 혜리와 건우, 공부균 선생님과 공부왕 교장 선생님은 아로가 잘못된 게 아닌가 하고 걱정스러운 표정으로 아로 식물을 살폈다.

"아빠, 아로는 어디로 간 거죠?"

"글쎄다."

"꽃이 지면 모두 열매를 맺는 게 아닌가요?"

"그렇긴 한데…… 씨앗마다 특징이 다르단다. 아로의 씨앗은 열매를 맺는 씨앗이 아닌 건가?"

공부균 선생님은 아무래도 아로가 사라져 버린 것 같다며 걱정스러운 표정을 지었다. 건우와 혜리는 아로가 사라졌다는 말에 눈물을 글썽였다.

"아로가 사라지다니!"

"믿을 수 없어!"

그때 땅속에서 "웅웅웅!" 하는 아로의 목소리가 들려왔다. 건우와 혜리는 눈물을 훔치며 말했다.

"아로가 그리워서 헛소리가 들리나 봐."

"맞아, 열매가 땅속에 있을 리 없지."

킹왕짱 돼지는 슬퍼하는 건우와 혜리, 공부균 선생님과 공부왕 교장 선생님께 맛있는 음식을 대접하겠다고 했다.

"슬플 땐 먹는 게 최고다, 꿀꿀!"

"그래, 일단 무얼 좀 먹자꾸나."

모두는 킹왕짱 돼지의 말대로 응접실로 갔다. 그때 또다시 흙더미 속에서 아로의 목소리가 들려왔다.

"상령줘!"

아로의 목소리를 들은 에디슨이 화분 쪽으로 살며시 다가갔다. 에디슨은 귀를 쫑긋하고서 아로가 어디 있는지 살펴보았다.

"낭양, 낭! 상령줘!"

아로의 애타는 목소리가 더 크게 들려왔다. 하

지만 혜리가 에디슨에게 "밥 먹자!"라고 말하자 에디슨은 몸을 획 돌려 버리고 말았다. 바로 그때 에디슨의 꼬리가 아로 화분을 툭 밀치고 말았다.

"와장창!"

화분이 바닥으로 떨어져 박살이 나 버렸다. 그때 땅속에 알알이 맺혀 있는 감자 같은 것이 나타났다.

"엇, 선생님! 아로가 저기 있어요!"

건우는 아로가 감자가 된 것 같다고 말했다.

“아니, 아닐 거야. 감자는 열매처럼 생겼지만, 열매가 아니란다.”

“그럼 뭔데요?”

“뿌리인가?”

건우와 혜리가 머리를 긁적이자 공부왕 교장 선생님이 보기를 냈다.

“다음 중 감자는 무엇일지 알아맞혀 보시오. 1. 열매 2. 뿌리 3. 알맹이 4. 줄기!”

“움…….”

아이들이 머리를 긁적이자 공부왕 교장 선생님이 씨익 웃으며 말했다.

“자, 지금부터 외우도록 해요. 감자는 줄기랍니다. 줄기 한쪽 끝에 영양분이 모여서 감자가 되는 것이랍니다.”

“정말요?”

그때였다. 감자처럼 생긴 아로의 열매, 아니, 줄기가 팍 터지더니 그 속에서 아로가 튀어나왔다.

"아이고, 답답해 죽을 뻔했네!"

예상대로 아로는 감자처럼 생긴 줄기 속에 있었다.

"넌 왜 열매가 아니라 거기 있었던 거야?"

"나도 모르지."

그때 킹왕짱 돼지가 음식 준비가 모두 끝났다며 접시를 들고 나타났다. 접시 위에는 지글지글 볶은 맛있는 감자볶음이 있었다.

"윽, 난 안 먹을래!"

아로는 고개를 절레절레 흔들었다.

말하는

나무들의 재판관

두 번째 실험

뿌리와 줄기가 하는 일 알아보기

창의력 호기심

식물의 뿌리에는 왜 털 같은 게 달렸을까요?
줄기 속에는 무엇이 있을까요?
사람은 피가 흐르는데, 나무도 피 같은 게 있을까요?

에디슨 얼굴에 수염뿌리가 났어요

"아–오–췽!"

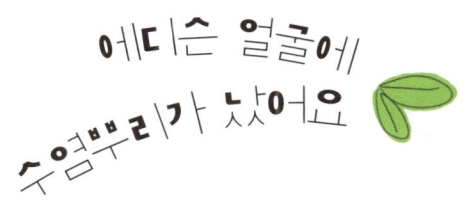

에디슨이 재채기를 하고 또 했다. 에디슨은 배를 들썩거리며 무언가를 토하는 시늉까지 보였다. 그 모습을 보고 걱정된 혜리가 에디슨의 어깨에 손을 올렸다.

"아옹!"

에디슨이 눈물 그렁그렁한 눈으로 혜리를 보았다.

깔깔깔, 혜리가 웃음을 터트렸다. 에디슨의 수염이 뿌리로 변해 있었다.

"에디슨, 네 수염이 이상해졌어!"

"우하하, 수염뿌리를 달고 있으니 정말 웃기다!"

아로와 건우까지 나서서 에디슨을 놀려댔다. 그러자 에디슨은 화가 난 듯 구석으로 어슬렁어슬렁 가버렸다.

"에디슨, 착하지? 이리 와서 간식 먹자."

혜리가 에디슨에게 줄 우유를 가져왔다. 그러자 에디슨이 살짝 누그러진 표정으로 꼬리를 흔들었다.

"자, 어서 먹어."

혜리가 우유를 내밀자 에디슨은 혀를 날름하더니 수염뿌리를 그릇에 퐁당 담갔다. 그러자 뿌리가 쭉쭉 우유를 빨아들이기 시작했다.

"우와, 식물은 뿌리로 영양분을 흡수한다더니, 에디슨도 수염뿌리로 우유를 먹어 치우네!"

"에디슨, 그 수염뿌리로 무얼 또 할 수 있어?"

아로가 신기한 듯 묻자 에디슨이 수염뿌리를 벽에 착 갖다 붙였다. 그리고 꼬리를 흔들며 고갯짓을 했다.

"에디슨이 뭐라고 하는 거야?"

"자길 있는 힘껏 잡아당겨 보라는데?"

아로가 묻자 혜리가 에디슨의 말을 해석해 주었다.

"좋아, 잡아당긴다!"

"나도나도!"

아로와 건우는 에디슨의 몸통을 있는 힘껏 끌어당겼다. 그때 킹왕짱 돼지가 나타나더니 자기도 함께하고 싶다고 말했다. 혜리는 그러다 다치면 어떡할 거냐며 말렸지만 에디슨은 자신 있는 눈치였다. 이렇게 해서 아로와 건우, 킹왕짱 돼지가 에디슨을 힘껏 잡아당기게 됐다.

"으라차차!"

셋이 있는 힘껏 에디슨을 잡아당겼다. 하지만 에디슨은 꿈쩍도 하지 않았다.

"우와, 에디슨의 힘이 갑자기 세진 것 같아."

"다시 한번 해 보자!"

킹왕짱 돼지는 부하 돼지들을 더 불러와서 다 같이 에디슨을 잡아당기기 시작했다.

"으라-아아아아-차차!"

모두 있는 힘껏 에디슨을 잡아당겼다. 하지만 에디슨은 꼼짝도 하지 않았다.

"우와, 이게 어떻게 된 거지?"

아로와 건우가 신기한 표정을 지을 때, 공부균 선생님이 그 이유를 설명해 주었다.

공부균 선생님은 식물이 크면 클수록 뿌리의 힘도 세고 크기 때문에 식물을 튼튼하게 고정해 주는 거라고 했다.

"또, 또 뿌리는 어떤 일을 할 수 있어요?"

아로가 묻자 공부균 선생님이 입을 열었다.

뿌리는 흙 속에 녹아 있는 물과 양분을 빨아들이는 일을 하지.
물
양분
식물이 땅에서 버틸 수 있도록 지지 작용도 하고~
저장 작용도 한단다.
그건 뭔데요?
양분
어떤 식물은 뿌리에 양분을 저장해 둬.
당근, 무, 고구마 같은 건 식물이 영양분을 저장해 둔 뿌리란다.
그 말은…… 먹을 것이 떨어지면 저 뿌리를 잘라 먹어도 된다는 뜻인가?

“크아아앙-!”

에디슨이 털을 곤두세우고 으르렁거리며 이빨을 드러내 보였다.

아무래도 킹왕짱 돼지의 말에 깜짝 놀란 것 같았다.

그러거나 말거나 킹왕짱 돼지는 달콤한 고구마의 맛이 상상되어 참을 수 없었던지 군침을 꼴깍꼴깍 삼켰다.

“설마 고양이의 맛을 상상하는 건 아니겠지?”

혜리는 킹왕짱 돼지로부터 에디슨을 지켜야겠다며 두 눈을 번뜩였다.

재판관이 된 아로

돼지 행성에서의 하루가 뉘엿뉘엿 저물었다. 모두 킹왕짱 돼지의 궁전에서 하룻밤을 자기로 했다.

"음냐, 음냐, 내 엘리베이터!"

제일 먼저 잠이 든 건 공부균 선생님이었다. 선생님은 거대한 식물 뿌리에게 빼앗긴 엘리베이터를 걱정하다가 잠이 든 모양이었다. 다음으로 잠꼬대를 한 건 공부왕 교장 선생님이었다.

"자, 이걸 무조건 외우도록 해요! 모두 외워요. 외워……외……."

아로는 침대에 누워 천장을 멀뚱멀뚱 바라보았다. 몸은 피곤해서 꼼짝도 할 수 없을 정도로 지쳤는데 잠이 오지 않았다.

'양이라도 세어 볼까…….'

아로가 이렇게 생각할 때였다. 저 멀리 창가 너머에서 누군가의 목소리가 들려왔다.

"어린 녀석이 어른한테 버릇없이!"

"어리긴, 내가 너보다 나이테가 더 많잖아. 게다가 키도 내가 훨씬 더 크고! 그러니까 내가 더 나이가 많은 거지!"

"쯧쯧, 세상 모든 나무에 나이테가 생기는 게 아니라는 걸 모르나 보지? 하긴 어린애라 아직 그런 건 모르나 본데, 어떤 나무는 나이테가 생기지 않거나 몇 년에 한 번씩 생기기도 한단다."

"흥! 그 말을 어떻게 믿겠어?"

이야기 소리에 집중하던 아로는 고개를 갸웃했다.

'나이테? 나무? 설마 지금 나무들이 이야기하고 있는 건가?'

이렇게 생각한 아로는 소리 나는 쪽으로 가보기로 마음먹었다. 방을 살금살금 빠져나온 아로는 복도를 가로질러 궁전 바깥으로 나왔다. 그러자 궁전 뜰에 나무 몇 그루가 서 있는 게 보였다.

'혹시 저 나무들이 말을 한 걸까?'

아로가 이렇게 생각할 때였다.
“아유, 귀찮게 또 누가 나타났네!”
“쉿! 조용히 해. 우리 목소릴 들으면 어쩌려고?”
“겁쟁이, 나무 목소리를 나무 말고 또 누가 듣겠어!”
키 큰 나무가 나뭇가지를 파르르 흔들며 말했다.
“저 아이가 나무의 말을 알아들을 수 있다면 우리 둘 중 누가 더 나이가 많은지 심판해 달라고 하면 좋을 텐데.”
“하긴, 그러면 좋겠지만 저 아이는 나무가 아니니 어쩔 수 없지.”
그 말을 들은 아로가 머리를 긁적이며 말했다.
“저기…… 내가 심판을 봐줄까?”
아로가 말하자 나무들이 소스라치게 놀란 목소리로 말을 주고받았다.
“헉, 방금 저 아이가 우리 말에 대꾸한 걸까?”
“에이, 아닐 거야!”
“맞는데.”
아로가 대화하는 나무들 사이에 끼어들었다.
“우리 말을 알아듣는다고?”

"응, 이상하게 너희가 하는 말이 잘 들리는데? 내가 둘 중 누가 더 나이가 많은지 판단해 줄까?"

아로의 말에 나무 두 그루가 좋다고 했다.

"내가 나이가 더 많아. 왜냐면 나는 저 나무보다 나이테가 훨씬 더 많거든."

"나이테가 뭔데?"

"사계절이 뚜렷한 돼지 행성에 사는 나무들은 봄에서 여름에 걸쳐 자라게 되고 추운 겨울이 오면 생장(세포 수가 많아져서 생물의 크기가 커지는 것)을 멈춰. 그래서 나무 둥치를 잘라보면 둥그런 테 같은 것이 생겨나지. 그걸 나이테라고 하는데 이게 해마다 하나씩 늘어나는 거야."

"넌 나이테가 몇 개인데?"

"난 나이테가 자그마치 50개나 돼."

"우와!"

아로가 두 눈을 휘둥그레 치켜떴다. 그러자 맞은 편에 있던 나무가 콧방귀를 뀌더니 말했다.

"나무 중에는 나이테가 생기지 않는 나무도 있어. 열대지방에서 자라는 나무는 나이테가 없다거나 몇 년에 한 번씩 생긴다는 걸 모르나 보지?"

"그래서 넌 나이테가 몇 갠데?"

"난 열 개야. 하지만 그보다 훨씬 더 오래 살았다고. 그러니 내가 형님 나무 대접을 받아야 해."

아로는 그 말을 듣고 잠시 생각에 잠겼다. 두 나무는 빨리 누가 더 나이가 많은 것인지 가려 달라며 옥신각신했다.

"알았다, 너희 중 하나는 지금 거짓말을 하는 거야."

"뭐?"

아로는 씨익 웃으며 나이테가 적은 나무를 향해 말했다.

"돼지 행성은 사계절이 있댔지?"

"그, 그렇지."

"그런데 넌 열대지방에 사는 나무엔 나이테가 생기지 않는다고 했어. 여긴 열대지방이 아니니 나이테가 생기는 게 당연하잖아."

"하, 하지만 난……."

아로는 나이테가 적은 나무더러 당장 맞은 편에 있는 형님 나무에게 깍듯이 예의를 차리라고 호통을 쳤다. 그러자

나이테는 부름켜(형성층) 때문에 생겨. 부름켜는 나무의 줄기가 굵어지게 하는 곳이지. 가을부터 겨울까지 나무가 잘 자라지 못하면 부름켜에서 크기가 작고 단단한 세포들이 겹겹이 생기는데, 이때 나이테가 만들어지는 거야.
나이테가 많은 나무에게 형님이라고 불러.

나이테가 많은 나무가 가지를 흔들며 기뻐했다.

"넌 정말 대단한 재판관이로구나!"

"후훗"

아로는 어깨를 으쓱거렸다.

훌륭한 재판을 내려준 아로에게 형님 나무는 특별한 능력을 선물해 주겠다고 말했다.

형님 나무가 나뭇가지를 스스스 흔들자 아로의 팔이 나뭇가지처럼 여러 갈래로 늘어나기 시작했다.

"우와!"

아로의 팔은 나뭇가지처럼 쭉 늘어나기도 하고 몇 갈래로 갈라지기도 했다. 신이 난 아로는 팔을 나뭇가지처럼 잔뜩 치켜들었다.

"늘어나라, 나무 팔!"

그때 팔 끝에 무언가 내려앉는 듯한 느낌이 들었다. 아로의 팔이 나뭇가지인 줄 알고 새 한 쌍이 날아왔다.

새들은 아로의 팔 위에 둥지를 짓기 시작했다. 아로는 간지러워 견딜 수가 없었다.

"그만, 그만! 더는 못 참겠어!"

아로가 다시 팔을 늘어트리자 짓다 만 새 둥지가 바닥에 철퍼덕 떨어지고 말았다. 동시에 잔뜩 화가 난 새 한 쌍이 푸드덕거리며 날아왔다.

아로는 머리를 긁적이며 사과했다.

"미안, 너무 간지러워서……."

새 한 쌍이 번갈아 가며 아로의 머리 위에 똥을 찍 싸고 달아났다.

"야, 정말 이러기야?"

아로는 고래고래 고함을 치다가 눈을 번쩍 떴다. 주위를 둘러보니 아로는 침대 위에 누워 있었다.

"이아로, 넌 여기서도 늦잠이냐?"

벌써 세수까지 말끔하게 한 건우가 아로더러 당장 일어나 씻으라고 소리쳤다.

아로는 손을 뻗어 머리를 긁적긁적했다. 아로의 손끝에 끈적끈적하고 쿰쿰한 뭔가가 닿았다. 그건 틀림없이 새똥이었다.

'이상하다, 꿈인가, 꿈이 아닌가?'

식물의 줄기 속으로!

"쉿! 교장 선생님이 어딘가로 가고 있어."

아로는 손가락을 입에 갖다 댔다. 그 사이 공부왕 교장 선생님이 킹왕짱 돼지의 궁전을 빠져나갔다.

돼지 행성에 온 이후 교장 선생님의 모습은 어딘가 변한 것 같았다. 생긴 건 지구에서나 여기서나 비슷했다. 여전히 수염이 모기향처럼 뱅뱅 말아 올라갔고, 로봇처럼 차가운 표정이었다. 그런데 아로는 교장 선생님의 모습이 어딘가 변한 것 같다는 생각을 지울 수가 없었다.

"다리가 늘어났나?"

"그래, 그러고 보니 교장 선생님의 다리가 전보다 좀 길어진 것 같긴 해."

"수염이 달라졌나?"

교장 선생님은 모기향 같은 수염을 만지작거리며 차가운

목소리로 아로와 아이들에게 1등이 중요하다고 말하곤 했다. 그런데 돼지 행성으로 오고부터 교장 선생님의 모습이 점점 바뀐 것 같다. 행동도 좀 이상해지고.

“혹시 교장 선생님께 무슨 일이 있는 거 아닐까? 우리가 직접 확인해 보자!”

“무슨 수로?”

건우가 두 눈을 휘둥그레 치켜떴다. 아로는 종이 한 장을 구해와서 아무렇게나 0점이라고 휘갈겨 썼다.

“이건 교장 선생님이 제일 싫어하는 거야. 바로 0점짜리 시험지이지!”

“이걸로 무얼 하려고?”

“만약 교장 선생님이 멀쩡하다면 이걸 보고 노발대발 방방 뛸 거야. 하지만 교장 선생님이 달라졌다면 이걸 보고도 별 반응이 없겠지?”

아로는 가짜 시험지를 이용해 교장 선생님이 진짜인지 가짜인지 알아보기로 했다.

때마침 바깥을 서성거리며 뭔가 살펴본 교장 선생님이 궁전 문을 열고 들어왔다. 아로는 교장 선생님에게 쪼르르 달려갔다.

"교장 선생님, 보여 드릴 게 있어요."

"뭔데?"

"짠! 빵점짜리 시험지예요!"

"헉!"

교장 선생님의 표정이 험상궂게 굳었다. 아로가 속으로 '공부왕 교장 선생님이 맞나?'라고 생각할 때였다.

"이런, 이런, 앞으론 잘하도록 해."

공부왕 교장 선생님이 돌돌 말려 올라간 수염을 쓱 잡아당기더니 대수롭지 않은 듯한 목소리로 아로를 향해 말했다.

"당신, 누구야?"

"정체를 밝혀라!"

"맞아, 우리 교장 선생님이 아니지?"

아로와 건우, 혜리가 일제히 교장 선생님을 향해 소리쳤다. 그러자 교장 선생님의 표정이 험상궂게 일그러졌다.

"얘들이 대체 무슨 소리를 하는 거지? 나는 나라고."

"아니, 교장 선생님이라면 빵점짜리 시험지를 보고 그냥 넘어갈 리 없어!"

아로는 진짜 공부왕 교장 선생님이라면 이곳이 돼지 행성이든 아니든 아랑곳하지 않고 날마다 〈오늘의 시험〉을 봤을 거라고 말했다.

"뿐만이 아니에요. 요즘 교장 선생님은 우리에게 뭐든 달달 외우라는 말씀도 없으셨잖아요."

"에잇."

교장 선생님은 갑자기 아이들을 밀치고 나가 버렸다.

아로는 분명히 보았다. 짧은 순간이었지만, 교장 선생님의 짧은 다리가 전보다 확실히 길어져 있었다.

아로는 아이들에게 교장 선생님의 정체를 밝혀야 한다고 속삭였다. 그 사이 밖으로 나간 교장 선생님은 하늘을 쳐다보며 무언가를 하고 있었다.

창문 앞으로 모인 아이들은 공부왕 교장 선생님을 몰래 훔쳐보았다.

"교장 선생님이 자꾸 밖에 나가는 이유가 뭘까?"

"특별히 무얼 하는 게 아니라 해를 쳐다보는 것 같아."

"해는 왜 보는 거지?"

아로와 아이들이 소곤거릴 때였다. 공부왕 교장 선생님이 주변을 두리번거리더니 햇볕이 잘 드는 쪽으로 슬그머니 움직였다. 그리고 두 발을 까치발로 치켜들더니 해를 향해 “아아아아~!” 하고 이상한 소리를 냈다.

갑자기 교장 선생님의 키가 쑥 커졌다.

“흐억!”

“교, 교장 선생님의 정체가 뭐지?”

“우주 괴물인 걸까?”

커진 건 교장 선생님의 키뿐만이 아니었다. 손바닥도 아주아주 넓어졌다. 교장 선생님은 두 팔을 벌리고서 까치발을 한 채 해를 바라보았다. 그 모습은 마치 나무 같았다.

“우리 교장 선생님이 나무가 된 걸까?”

“엇, 그러고 보니 엘리베이터를 공격하던 거대 뿌리가 우리를 공격하려 했을 때 기억나? 그때 교장 선생님이 엘리베이터를 되찾겠다며 혼자 거대 뿌리를 찾아갔었잖아.”

“그랬던가?”

건우랑 혜리는 기억이 나지 않는다며 머리를 긁적였다.

“분명히 교장 선생님 혼자 거대 뿌리를 찾아갔었다고.”

아~
아~
아~

답답한 듯 아로가 가슴을 쾅쾅 칠 때, 교장 선생님이 아무 일도 없었다는 듯 궁전 안으로 돌아왔다.

그런데 교장 선생님의 손바닥이 여전히 플라타너스 잎처럼 넓적하게 변해 있었다.

"헉!"

교장 선생님이 아로와 눈을 마주치자 멈칫했다. 아로가 뜨끔 놀라서 뒤로 움찔하는 사이 넙데데하던 교장 선생님의 손바닥이 다시 원래대로 돌아와 있었다.

"무얼 그렇게 보는 거죠?"

아로는 교장 선생님의 정체가 식물이 분명하다고 확신했다.

"선생님, 식물에게 제일 중요한 건 뭘까요?"

"갑자기 그건 왜 묻는 거지?"

"그, 그냥 궁금해서요!"

"식물에게 가장 중요한 건 뿌리, 줄기, 잎 세 가지야."

"그중에서 제일 중요한 건 뭔데요?"

"나는 줄기를 꼽겠다."

"왜요?"

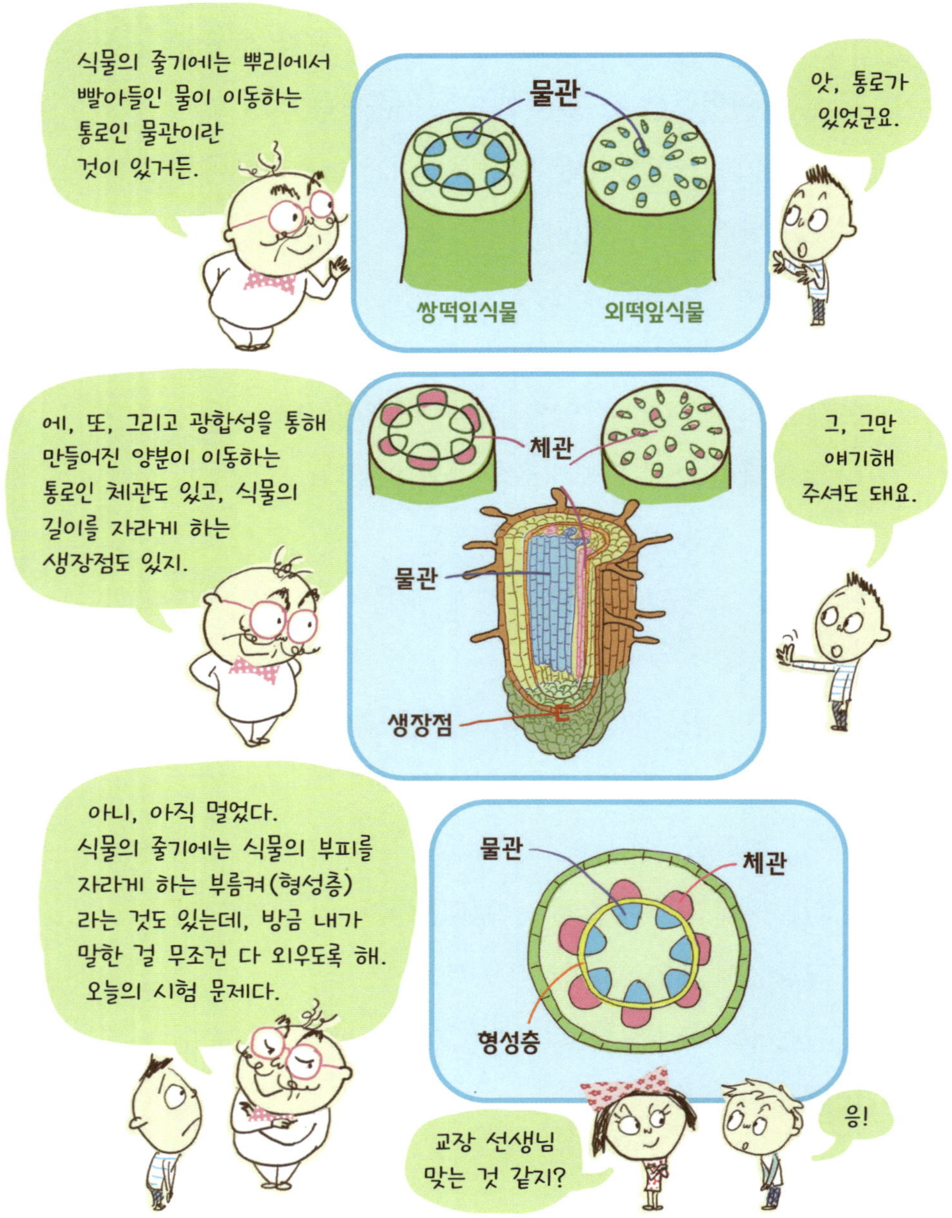

식물의 줄기에는 뿌리에서 빨아들인 물이 이동하는 통로인 물관이란 것이 있거든.
물관
쌍떡잎식물
외떡잎식물
앗, 통로가 있었군요.
에, 또, 그리고 광합성을 통해 만들어진 양분이 이동하는 통로인 체관도 있고, 식물의 길이를 자라게 하는 생장점도 있지.
체관
물관
생장점
그, 그만 얘기해 주셔도 돼요.
아니, 아직 멀었다. 식물의 줄기에는 식물의 부피를 자라게 하는 부름켜(형성층)라는 것도 있는데, 방금 내가 말한 걸 무조건 다 외우도록 해. 오늘의 시험 문제다.
물관
체관
형성층
교장 선생님 맞는 것 같지?
응!

나무도 아플까?

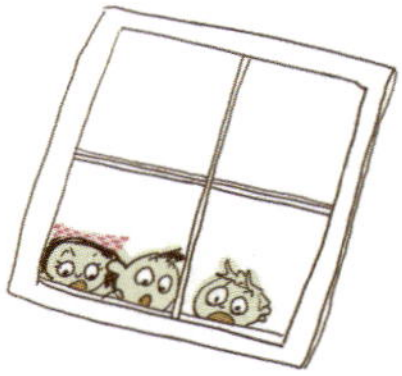

건우와 혜리는 교장 선생님에게서 이상한 점을 발견하지 못했다고 했지만 아로는 의심을 거둘 수가 없었다.

아무도 믿어주지 않는다면 아로 혼자서라도 교장 선생님을 몰래 지켜보아야겠다고 마음먹었다.

모두 잠든 밤, 아로는 두 눈을 부릅뜨고 교장 선생님을 지켜보았다. 밤이 깊어지자 교장 선생님이 자리에서 스르륵 일어났다. 그리곤 살금살금 킹왕짱 돼지의 궁전을 빠져나갔다.

아로는 교장 선생님을 쫓아갔다.

교장 선생님은 정원에 서서 두 팔을 하늘로 치켜들고 두 발을 까치발로 세우더니 "오오오오오오~" 하는 이상한 소리를 냈다. 그러자 교장 선생님의 입에서 이상한 거품 같은 것이 뽀글뽀글 튀어나왔다.

"헉, 저게 뭐지?"

아로가 두 눈을 부릅떴다. 무언가 인기척을 느낀 교장 선생님이 입을 꾹 다물었다. 그리고 날카로운 눈으로 여기저기 주변을 살폈다. 아로는 숨을 곳을 찾아 두리번거리다가 정원 한가운데 놓인 바위 뒤로 몸을 숨겼다.

교장 선생님은 별달리 수상한 점을 찾지 못한 듯 다시 두 팔을 하늘 높이 치켜올리고 입을 쩍 벌렸다.

그때, 교장 선생님의 손가락이 넝쿨처럼 길어지더니 아로가 숨어 있던 바위를 휘감았다.

"헉!"

아로는 두 손으로 입을 가린 채 몸을 잔뜩 웅크렸다. 그때 교장 선생님의 손가락들이 바위를 칭칭 감싸더니 휙 잡아당겼다.

바위가 휵 날아가고 아로의 모습이 탄로가 나고 말았다.

"여기서 무얼 하는 거지?"

"서, 선생님은 여기서 무얼 하시는 거예요?"

아로가 묻자 교장 선생님의 눈이 초록색으로 빛났다. 그 모습이 어찌나 무서웠는지 아로의 팔다리가 부르르 떨

휘리릭

렸다.

"방금 본 걸 비밀로 해준다면 널 무사히 돌려보내 주마."

"지, 진짜 우리 교장 선생님은 어디 있어요?"

"흐흐, 그건 비밀이다."

바로 그 순간! 건우와 혜리가 막대기를 휘두르며 달려왔다. 교장 선생님은 건우가 휘두른 막대기를 미처 피하지 못하고 정통으로 맞았다.

"으악!"

교장 선생님의 팔에서 흰색 피가 뿜어져 나왔다.

"피, 피가 흰색이야!"

"어떻게 된 거지?"

혜리와 건우가 얼어붙은 것처럼 멍하니 선 채 중얼거렸다. 그 사이 팔에서 흰색 액체를 뚝뚝 흘리던 교장 선생님의 모습이 점점 일그러지기 시작했다.

"애, 얘들아, 피해!"

겁먹은 아로가 소리쳤다.

어디선가 "슝" 하는 소리와 함께 대포알이 날아오는 게 보였다.

아이들이 몸을 날리자 대포알이 아슬아슬하게 바닥으로 떨어졌다. 교장 선생님이 빗나간 대포알을 보고 피식 웃음을 터트렸다.

"쾅-!"

땅속으로 들어간 대포알이 엄청난 굉음을 내며 폭발했고, 그로 인해 솟구친 흙더미가 교장 선생님을 덮쳤다.

쾅

"얘들아, 무사하니?"

공부균 선생님과 킹왕짱 돼지가 아이들을 구하려고 달려왔다.

"선생님!"

"아빠!"

아로와 건우, 혜리는 공부균 선생님을 향해 달려갔다.

"앗, 이건……."

킹왕짱 돼지가 심각한 표정을 지으며 말을 이었다.

"아무래도 상처를 입으면 하얀 고무 피를 흘리는 파라고무나무가 교장 선생님으로 변신했던 것 같아."

"진짜 교장 선생님은 어디 계신 거죠?"

"으흠……."

"내일 날이 밝으면 교장 선생님을 찾아보도록 하자."

공부균 선생님은 우선 아이들에게 궁전 안으로 돌아가는 게 좋겠다고 말했다. 그렇게 아로와 아이들은 공부균 선생님을 따라 킹왕짱 궁전으로 돌아갔다.

선생님, 식물도 다치면 사람처럼 피를 흘리나요?
피는 아니지만 다치면 고무 액체를 흘리는 나무는 있단다.
고무? 우리가 고무줄을 만들 때 쓰는 그 고무 말인가요?
그래, 우리가 쓰는 고무는 줄기에 상처를 냈을 때 나오는 액체를 이용해 만드는 거란다.
우와, 식물도 다치면 피를 흘리는구나!
힝!..
음, 그런데 고무나무가 어쩐지 불쌍해. 고무를 얻기 위해 계속 상처를 내야 하잖아.

식물들의 결혼식

세 번째 실험

벌과 나비가 좋아하는 꽃의 비밀 알아내기

창의력 호기심

꽃은 왜 피는 걸까요?
벌과 나비는 왜 꽃을 좋아할까요?
남성, 여성, 수컷, 암컷이 있듯이
식물도 남성, 여성이 있을까요?

다시 지구로!

킹왕짱 돼지의 도움으로 아로와 건우, 혜리와 공부균 선생님은 거대 뿌리가 있는 곳으로 갈 수 있었다. 거대 뿌리는 엘리베이터를 완전 종잇장처럼 와장창 찌그러트려 놓았다. 엘리베이터에 타려면 종이처럼 얇아져야 할 것 같았다.

"이제 우리는 영영 지구로 돌아가지 못하는 건가요?"

혜리가 눈물을 글썽이자 공부균 선생님이 짱구 머리를 긁적였다.

"엘리베이터가 고장 났으니, 지구로 돌아가려면 다른 우주선을 빌리면 되지 않을까?"

동시에 모두가 킹왕짱 돼지를 보았다. 하지만 킹왕짱 돼지는 시치미를 뚝 떼고 딴 곳만 바라보았다.

"안 돼, 행성을 저 괴상한 식물 놈들에게 빼앗기면 탈출

할 방법을 마련해 두어야 한다고."

"힝."

건우는 집으로 돌아가고 싶다며 한숨을 내쉬었다. 그러자 공부균 선생님이 주머니를 한참 뒤적뒤적하더니 이쑤시개를 한주먹 꺼내놓았다.

"다들 이걸 녹여 먹도록 해."

"이쑤시개를 먹으라고요?"

"이건 뾰족해 사탕이야."

공부균 선생님은 뾰족해 사탕을 먹으면 몸이 이쑤시개처럼 뾰족해질 거라고 했다.

"오예, 그럼 엘리베이터를 탈 수 있겠네!"

"이런 게 있으면 진작 주셨어야죠!"

아로와 건우, 혜리는 이쑤시개 사탕을 먹기 전에 킹왕짱 돼지에게 넙죽 인사했다.

"그동안 신세 많이 졌습니다."

"뭐야, 이대로 간다고?"

"그만 돌아갈래요. 식물이라면 이제 지긋지긋해요."

"그럼 난 어떡하라고!"

킹왕짱 돼지는 당장 돼지 행성에 있는 괴상한 식물들을 없애주든지, 아니면 자기도 지구로 데려가 달라며 징징 매달렸다.

"하지만……."

공부균 선생님이 얼른 답을 하지 않자 킹왕짱 돼지가 손에 있던 뾰족해 사탕을 덥석 빼앗아 먹어버렸다.

"에잇!"

그러자 킹왕짱 돼지가 조금 얇아졌다. 하지만 이쑤시개처럼 빼빼해진 건 아니었다. 킹왕짱 돼지가 너무 돼지였기 때문에 뾰족해 사탕 하나로 빼빼해지는 것은 불가능했다.

"나도, 나도 데려가 달라고!"

킹왕짱 돼지는 건우의 손에 들린 이쑤시개 사탕을 하나 더 빼앗아 먹었다.

"헉!"

건우가 미처 말릴 틈도 없이 후다닥 사탕을 씹어 먹은 킹왕짱 돼지는 아까보다 더 삐죽하고 빼빼해졌다.

"건우야, 나랑 이쑤시개 사탕을 나눠 먹자."

혜리는 건우에게 이쑤시개 사탕을 반으로 나눠 주었다.

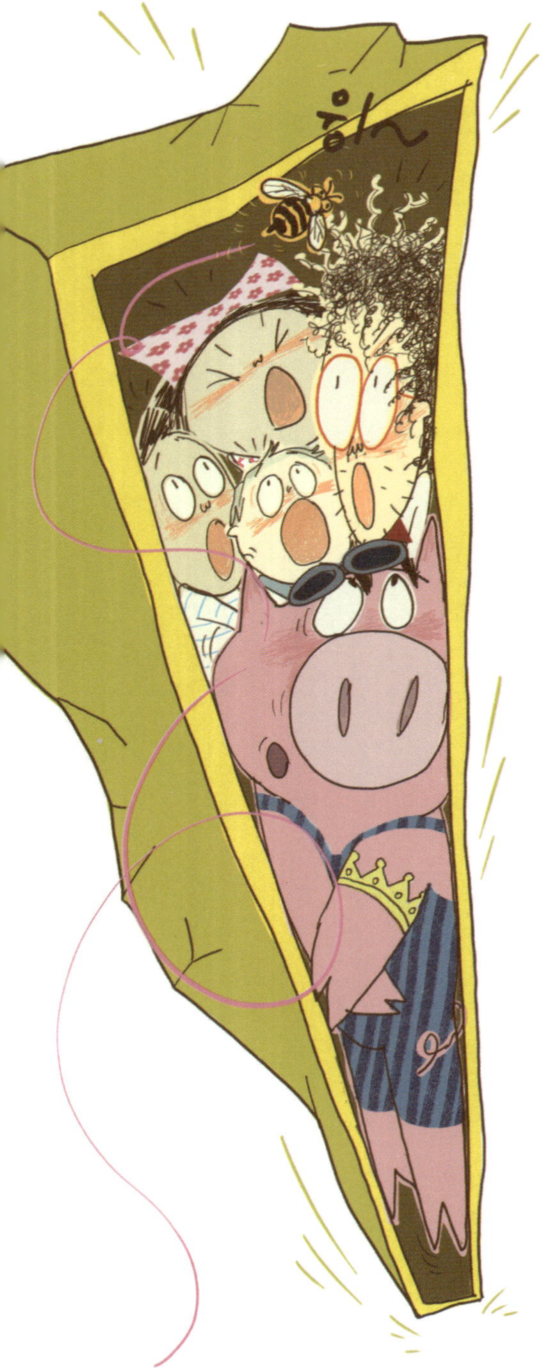

아로는 주위를 두리번거리며 에디슨이 어디 갔는지 찾아보았다.

"에디슨이 안 보이네?"

"그러게?"

그때 윙윙거리며 벌이 날아 들어왔다. 방금 먹은 사탕의 달콤한 냄새 때문에 날아 들어온 게 틀림없었다.

"저, 저리 가!"

벌을 보고 놀란 킹왕짱 돼지는 몸을 요리조리 흔들며 엘리베이터 안으로 밀고 들어왔다. 그 바람에 아로와 건우, 혜리, 공부균 선생님이 떠밀려 들어오고 말았다.

"난 벌이 싫다고, 싫어!"

킹왕짱 돼지는 벌이 윙 날

갯짓을 할 때마다 무섭다며 호들갑을 떨었다. 그 바람에 아로와 건우, 혜리와 공부균 선생님은 엘리베이터 안에 찐빵처럼 눌려 버렸다.

턱!

벌을 피해 도망치던 킹왕짱 돼지가 지구 버튼을 눌렀다. 엘리베이터의 문이 스르륵 닫히기 시작했다.

"안 돼, 밖에 에디슨이 있는데!"

"맞다, 우린 아직 교장 선생님도 못 찾았는데!"

하지만 이미 엘리베이터가 움직이기 시작했고, 아로와 건우, 혜리, 공부균 선생님은 물론 킹왕짱 돼지와 돼지 행성에 사는 외계 벌 한 마리까지 지구로 오게 되었다.

지구에 도착하자 납작해졌던 엘리베이터도, 아이들의 몸도, 킹왕짱 돼지와 공부균 선생님의 몸도 원래대로 돌아왔다.

"와, 몸이 예전처럼 두꺼워지니 살 것 같아."

킹왕짱 돼지가 참았던 숨을 '후!' 하고 몰아쉬었다.

위이잉–.

그 사이 엘리베이터에 갇혀 있던 벌이 날아가 버렸다.

"엇, 외계 벌이 사라졌어."

"에이, 벌 한 마리인데 무슨 일이 있겠어?"

아로의 말에 건우가 중얼거렸다.

그 사이 혜리가 공부균 선생님을 재촉했다.

"아빠, 빨리 엘리베이터를 고쳐서 다시 돼지 행성으로 가야겠어요. 그래야 에디슨이랑 교장 선생님을 데려오죠!"

공부균 선생님은 과학교실로 들어가 엘리베이터를 수리할 도구를 찾았다.

갑자기 과학교실 주변에 꽃과 나무가 늘어나기 시작했다.

정말 눈 깜짝할 정도로 짧은 순간이었는데, 수십 그루의 나무가 쑥쑥쑥 자랐고, 꽃이 주위를 가득 메울 정도로 피어났다.

"이게 어떻게 된 거지?"

"아무래도 돼지 행성에서 온 외계 벌이 꽃가루를 여기저기 날랐기 때문인가 봐."

공부균 선생님의 말에 아로가 고개를 갸웃했다.

"꽃가루요? 꽃가루를 나르면 어떻게 되는데요?"

"꽃을 피우는 식물의 수술 꽃가루가 암술에 묻는 것을 꽃가루받이라고 해. 꽃가루받이가 되면 꽃이 피고 새싹이 자라게 되지."

"외계 벌이 가져온 꽃가루가 벌써 이렇게 자라다니! 이러다가 지구 전체를 뒤덮으면 어떻게 하지요?"

혜리가 걱정스러운 얼굴로 말했다.

공부균 선생님은 꽃과 나무가 더 자라는 걸 막으려면 외계 벌부터 잡아야 할 것 같다고 했다.

"꽃가루와 꽃가루받이를 잘 알면 외계 벌을 추적할 수 있을 것 같아요."

"공부균 선생님, 빨리 더 알려주세요! 지구를 구해야지요!"

아로와 건우가 졸랐다.

"그렇다면야……."

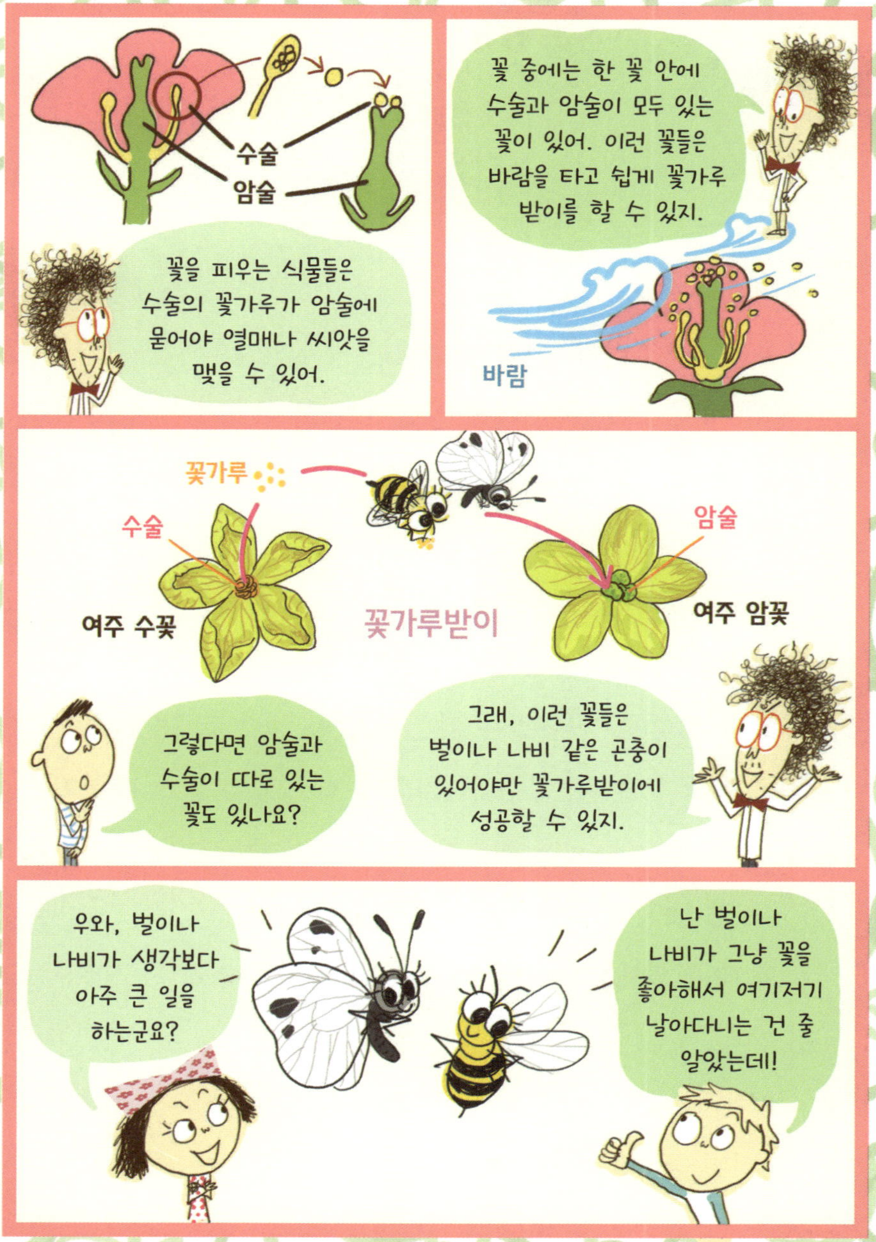
수술
암술
꽃을 피우는 식물들은 수술의 꽃가루가 암술에 묻어야 열매나 씨앗을 맺을 수 있어.
꽃 중에는 한 꽃 안에 수술과 암술이 모두 있는 꽃이 있어. 이런 꽃들은 바람을 타고 쉽게 꽃가루받이를 할 수 있지.
바람
꽃가루
수술
암술
여주 수꽃
꽃가루받이
여주 암꽃
그렇다면 암술과 수술이 따로 있는 꽃도 있나요?
그래, 이런 꽃들은 벌이나 나비 같은 곤충이 있어야만 꽃가루받이에 성공할 수 있지.
우와, 벌이나 나비가 생각보다 아주 큰 일을 하는군요?
난 벌이나 나비가 그냥 꽃을 좋아해서 여기저기 날아다니는 건 줄 알았는데!

벌 사냥을 떠나요!

"좋아, 난 준비가 끝났어!"

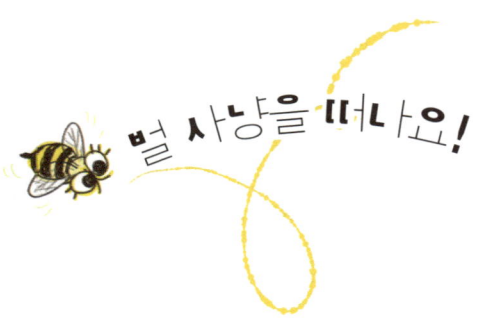

모자에 마스크, 목도리에 장갑까지 낀 아로가 곤충 채집망을 들고 외쳤다. 건우는 야구방망이를 꺼내 들었고, 혜리는 테니스 라켓을 꺼냈다.

"이제 벌 사냥을 떠나자!"

"그런데 이걸로 외계 벌을 잡을 수 있을까?"

"우리 행성에 사는 벌은 기운이 엄청 세다고. 이깟 것으로는 절대 잡을 수 없수다. 너희가 잡히지 않으면 다행이지, 꿀꿀!"

킹왕짱 돼지의 말에 혜리가 콧방귀를 뀠다.

"돼지 행성에선 불가능한 일이었을지 몰라도 지구에선 가능해."

"어떻게?"

"과학교실엔 없는 게 없거든!"

혜리는 과학교실 창고로 뛰어가더니 꽃향기 촛불을 가져왔다. 그건 그윽한 꽃향기가 1,000배 이상 강하게 풍기는 촛불이었다.

혜리가 꽃향기 촛불에 불을 밝히자 코가 따가울 정도로 지독한 꽃향기가 풍기기 시작했다. 아로와 건우는 1, 2, 3 하고 큰 소리로 숫자를 셌다. 그러자 어디에선가 윙 소리가 나더니 하늘이 시커멓게 변하기 시작했다.

"엇, 갑자기 해가 사라졌나?"

"아니, 저길 좀 봐!"

겁에 질린 건우가 손을 뻗어 가리킨 것은 수백, 아니, 수천, 아니, 수만 마리의 벌들이 시커멓게 몰려오는 광경이었다.

"우와, 이 향초가 이 정도로 강력할 줄이야!"

"저 벌들을 어떡하지?"

"일단 향초를 커다란 통에 넣자. 그리고 벌이 통 안으로 들어오면 입구를 재빨리 닫는 거야. 어때?"

"좋아!"

아로의 말에 건우가 드럼통을 가져왔다. 혜리는 재빨리 뚜껑을 준비했다. 그사이 윙윙 소리를 내며 날아온 벌들이 드럼통 속으로 일제히 날아 들어갔다. 아로는 혜리를 도와 뚜껑을 닫는 데 성공했다.

"우와!"

"성공!"

엄청나게 많은 벌떼가 통속에 갇히자 킹왕짱 돼지가 안도의 한숨을 내쉬었다.

"이 벌들은 어떡하지?"

"영영 못 나오도록 입구를 꽁꽁 막아 두자."

그 말을 들은 공부균 선생님이 당장 벌들을 내보내 주는 것이 좋겠다고 말했다.

"어째서요?"

"벌이 사라지면 식물이 꽃가루받이를 할 수 없어진단다. 그러면 지구에서는 먹을 것이 부족해질 거야."

공부균 선생님은 꿀벌이 사라지게 되면 과일 농사도, 채소 농사도 제대로 지을 수 없을 거라고 했다. 그러면 전 세계는 식량 문제로 골치를 앓게 될 테고 그로 인해 굶주리는 사람들이 늘어나게 될 거라고도 했다.

"움!"

아로가 벌을 가둬 둔 드럼통의 뚜껑을 열려고 할 때였다.

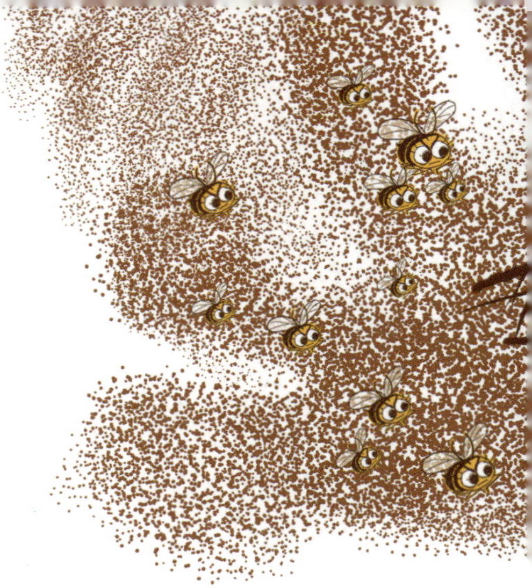

어디선가 우르르 쾅! 하는 소리가 들리더니 하늘 전체가 무언가로 시커멓게 뒤덮였다. 당황한 모두는 두 눈을 크게 뜨고 주위를 두리번거렸다.

"엇, 저건!"

"외계 벌들이야!"

"이크, 아무래도 우리가 가둔 벌이 여왕벌인 것 같구나. 여왕벌을 구하려고 돼지 행성에 있는 모든 벌이 지구로 쫓아 온 거야. 서둘러!"

"가만, 내가 바주카포로 저것들을 없애 보겠수다. 꿀꿀!"

킹왕짱 돼지가 등에 메고 있던 바주카포를 꺼내 겨누었다. 그러자 벌들이 일제히 킹왕짱 돼지를 향해 날아왔다.

펑!

바주카포가 날아오자 벌들이 모여 거대한 손 모양을 만들었다. 그리곤 아주 가볍게 툭! 바주카포를 원래 자리로 던져 버렸다.

"바주카포가 다시 이쪽으로 날아온다!"

"빨리 도망쳐!"

모두 있는 힘껏 달려야만 했다. 아슬아슬하게 땅에 떨어진 바주카포가 팡 소리를 내며 터졌고 그 바람에 드럼통의 뚜껑이 날아갔다. 그러자 잔뜩 화가 난 벌들이 모두를 뒤쫓아왔다. 아로가 뒤를 돌아보며 소리쳤다.

"으아악, 아로 살려!"

모두 과학교실을 향해 힘껏 도망갔다.

간신히 과학교실 안으로 들어온 아로와 건우, 혜리, 공부균 선생님은 문을 걸어 잠갔고, 킹왕짱 돼지는 무섭다며

펑

소파 밑으로 기어들어 갔다.

"휴, 난 지금까지 이 세상에서 제일 무서운 게 귀신이라고 생각했는데 이 세상에서 제일 무서운 건 벌이였어!"

건우가 바닥에 주저앉으며 말했다.

"인정!"

혜리가 말하는 순간에 돼지 행성에서 무전이 왔다.

"돼지 행성에서 뉴스를 알려드리겠수다. 벌들이 떠난 돼지 행성은 꽃과 나무가 열매를 맺지 못한 탓에 굶주리고 있수다. 모두 배가 고파 견딜 수가 없수다. 꾸울꿀!"

무전을 들은 킹왕짱 돼지는 아무래도 당장 벌들을 데리고 돼지 행성으로 돌아가야겠다고 했다.

"하지만 무슨 수로 벌을 다시 우주로 데리고 나가지?"

여왕벌을 어떻게 다시 잡아서 엘리베이터에 태울까. 아로는 머리에 쥐가 나도록 고민하고 또 고민했지만 뾰족한 방법을 찾을 수가 없었다.

바람
암꽃
벌이랑 나비 말고는 꽃가루를 전달할 수 없는 건가요?
아니란다. 바람도 꽃가루받이를 할 수 있도록 돕지. 바람에 의해 꽃가루받이를 하는 식물을 풍매화라고 해.
수꽃
소나무(풍매화)
와, 바람도 아주 중요한 일을 하는구나.
그리고 새도 꽃가루를 물어다 나른단다.
이런 꽃을 조매화라고 하는데, 벌새나 직박구리처럼 작고 귀여운 새들이 꿀을 먹고 꽃가루를 날라준단다.
동백꽃(조매화)

식물의 결혼식

“배가 고프다, 꾸, 꾸, 꾸웅…….”

돼지 행성에서 오던 무전이 완전히 멈춰버렸다.

“이런, 돼지 행성에 먹을 것이 완전히 동났나 보군.”

“어떻게 하면 좋을까?”

공부균 선생님이 난감한 표정을 지었다.

“고작 벌이 사라졌다고 먹을 것이 씨가 말라버리다니. 식물도 동물처럼 자유롭게 움직일 수 있으면 좋을 텐데.”

아로의 말에 건우가 고개를 갸웃했다.

“그건 왜?”

“그러면 굳이 벌이나 나비, 바람이나 새의 도움을 빌리지 않고 자기가 맘에 드는 상대를 골라 결혼할 수 있잖아.”

“오! 좋은 수가 생각났다!”

그때 마침 곁에 있던 공부균 선생님이 무릎을 탁 쳤다.

"어떤 방법인데요?"

"식물이 동물처럼 움직일 수 있도록 하는 움직여 가루를 만드는 거야. 그런 다음 물에 섞어서 뿌려주면 되는 거지."

공부균 선생님은 과학교실에 있는 재료를 이용하면 얼마든지 움직여 가루를 만들 수 있다고 했다.

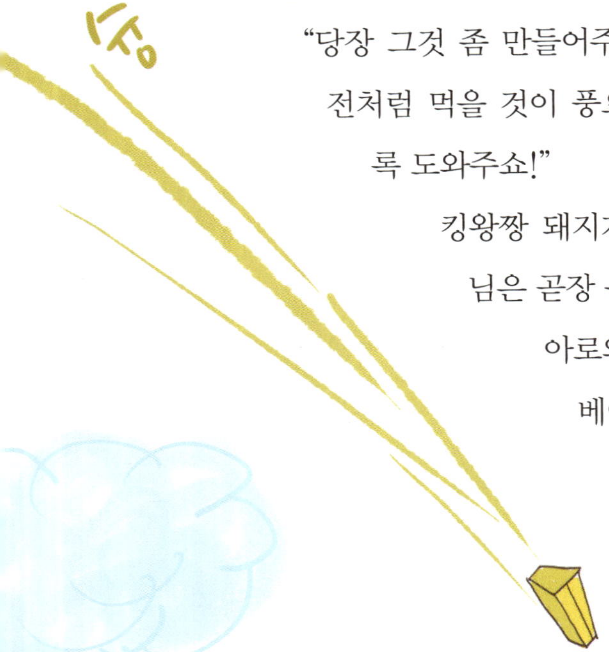

"당장 그것 좀 만들어주쇼. 제발 우리 행성이 예전처럼 먹을 것이 풍요로운 행성이 될 수 있도록 도와주쇼!"

킹왕짱 돼지가 애원했다. 공부균 선생님은 곧장 움직여 가루를 만들었다.

아로와 건우, 혜리는 먼저 엘리베이터로 달려갔다. 돼지 행성에서 이제나저제나 모두가 돌아오기를 기다리고 있을 에디슨과 공부왕 교장 선생님을 생각하니 마음이 다급해졌다.

"자, 그럼 출발!"

모두는 엘리베이터를 타고 다시 돼지 행성으로 날아갔다. 행성에 도착한 아로는 두 눈이 휘둥그레졌다. 얼마 전까지만 하더라도 사방이 푸르고 파릇파릇하던 돼지 행성이 황량한 벌판으로 바뀌어 있었다.

"윽, 벌이 사라지면 이렇게 되는구나!"

모두가 주위를 두리번거릴 때, 에디슨이 꼬리를 흔들며 달려왔다. 돼지 행성 들판에 캣닢이 사방팔방 자랄 때만 하더라도 아로나 건우를 아는 체도 하지 않던 에디슨의 도도한 콧대가 한껏 납작해진 듯했다.

"아아아옹!"

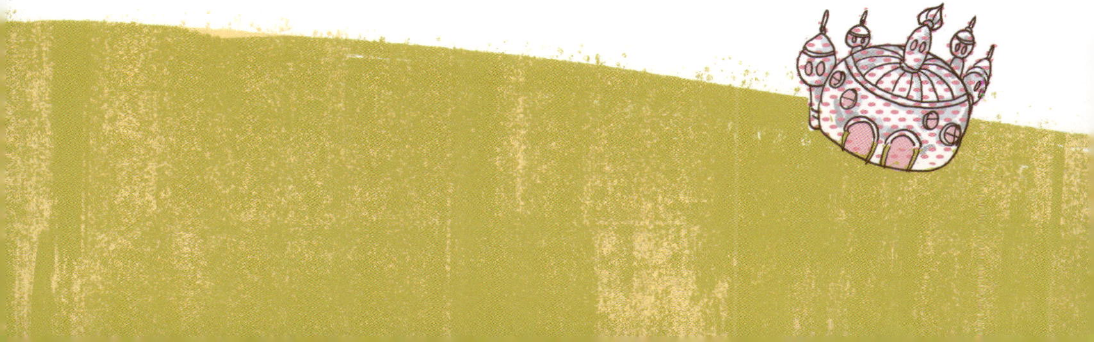

에디슨이 헤리 앞에 발랑 드러눕더니 가릉거렸다. 그것은 에디슨이 몹시 배가 고프거나 아주 큰 잘못을 저질렀을 때나 하는 특별한 행동이었다.

"우리 행성이 어쩌다 이렇게 되었단 말인가, 꿀꿀!"

킹왕짱 돼지가 털썩 주저앉으며 절망했다. 그러자 공부균 선생님이 서둘러 식물들이 스스로 걸어 다닐 수 있게 만들어 주자고 했다.

"잠깐 기다리쇼!"

킹왕짱 돼지는 바주카포로 구름을 쏘려 했다.

공부균 선생님이 킹왕짱 돼지를 가로막았다.

"아니, 이 젤리 하나면 된다오."

젤리 냄새를 맡은 에디슨이 공부균 선생님을 향해 성큼 다가오더니 어흥! 하고 입을 쩍 벌렸다. 순간 놀란 공부균 선생님이 젤리를 떨어트리자 에디슨이 젤리를 꿀꺽 삼켜 버렸다.

꺼억!

에디슨이 둥실둥실 떠오르기 시작했다. 에디슨의 몸이 구름으로 변해 버린 것이다.

"미안하다."

공부균 선생님은 에디슨에게 사과하고는 끝이 뭉툭한 막대기로 옆구리를 꾹꾹 눌렀다.

에디슨이 꿈틀거리더니 갑자기 입에서 물을 내뿜었다.

뿌왕-!

에디슨이 내뿜은 물은 비가 되어 돼지 행성 곳곳에 뿌려졌다.

그러자 놀라운 일이 벌어졌다. 시들시들 죽어가던 돼지 행성의 꽃들이 땅에서 한쪽 뿌리를 쭉 잡아당기더니 다른 한쪽 뿌리를 마저 뽑아낸 것이다. 꽃들은 저벅저벅 걸어서 마음에 드는 꽃이 있는 쪽으로 걸어갔다.

"우와, 이제 맛있는 열매를 먹을 수 있겠수다! 꿀꿀!"

킹왕짱 돼지가 호들갑스럽게 손뼉을 쳤다.

그렇게 걸어 다닐 수 있게 된 꽃들은 자기가 원하는 꽃에게 다가가서 직접 꽃가루받이를 했다. 공부균 선생님은 그것을 보고 꽃들이 결혼식을 한 거나 마찬가지라고 했다.

"어우, 결혼식이라니!"

"부럽다!"

눙
눙

그런데 꽃가루받이를 끝낸 꽃들의 생김새가 조금씩 달라지기 시작했다. 전에는 보라색, 노란색, 분홍색, 빨간색 등 아름다운 색깔을 지녔던 꽃잎은 단조로운 회색, 갈색, 검은색 등으로 바뀌었고 달콤했던 향기도 더 이상 나지 않았다. 게다가 예전에는 아주 가볍고 부드러웠던 꽃잎이 이상할 정도로 뻣뻣하고 거칠고 두꺼워지기까지 했다.

"이상하다, 꽃이 좀 못생겨진 것 같지 않아?"

아로가 고개를 갸웃하자 혜리가 대꾸했다.

"그러게, 더는 꽃을 닮았다고 하면 칭찬이 아닐 것 같아."

"흐음, 그건 꽃이 더는 새나 곤충에게 잘 보일 필요가 없어졌기 때문이란다. 예전에는 새나 곤충을 유혹하려고 달콤한 꿀을 만들어냈지만 이젠 그럴 필요가 없잖니."

"그럼 꽃잎이 두꺼워진 것도 그런 이유 때문인가요?"

혜리가 묻자 공부균 선생님이 고개를 끄덕였다.

"그렇지. 바람에 꽃가루를 날리던 꽃은 바람에 잘 날아갈 수 있도록 가벼워야 했지. 그런데 더 이상 그럴 필요가 없으니 가벼울 필요가 없어진 거야."

"한 마디로 이제 더 이상 남에게 잘 보일 필요가 없어진 거로군요."

"그래, 그런 셈이지."

그사이 다른 꽃을 만나 꽃가루받이를 끝낸 꽃들이 시들시들 시들기 시작했다.

"엇, 꽃들이 왜 저러죠?"

"수정이 끝났으니 꽃들은 자기 할 일을 다 한 거야."

"그럼 이제 어떻게 되는 건가요?"

"밑씨는 자라서 씨앗이 되고, 밑씨를 둘러싼 씨방은 열매가 되지."

"꿀꿀, 열매!"

킹왕짱 돼지가 군침을 꿀꺽 삼켰다.

"여러분, 꿀꿀, 이제 곧 열매가 자랄 것이수다. 그러니 더 이상 배고픔을 걱정하지 않아도 될 것이수다!"

킹왕짱 돼지가 돼지 행성에 사는 돼지들에게 외쳤다. 그러자 돼지들이 "오오오!" 하고 함성을 질렀다.

"과연 결혼식을 마친 꽃들이 어떤 열매를 만들까?"

"음, 참외나 수박처럼 하나의 열매에 씨앗이 여러 개 들어 있는 것은 씨방 안에 여러 개의 밑씨가 들어 있었던 거라고 보면 된단다."

그 사이 주렁주렁 열매가 맺혔다. 돼지들은 아옹다옹 열

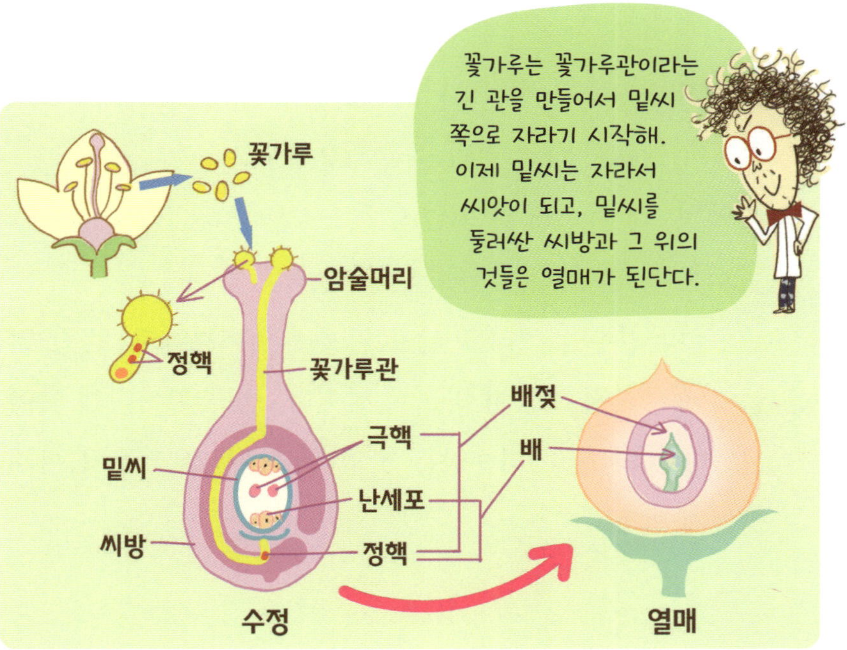
꽃가루는 꽃가루관이라는 긴 관을 만들어서 밑씨 쪽으로 자라기 시작해. 이제 밑씨는 자라서 씨앗이 되고, 밑씨를 둘러싼 씨방과 그 위의 것들은 열매가 된단다.
꽃가루
암술머리
정핵
꽃가루관
배젖
극핵
배
밑씨
난세포
씨방
정핵
수정
열매

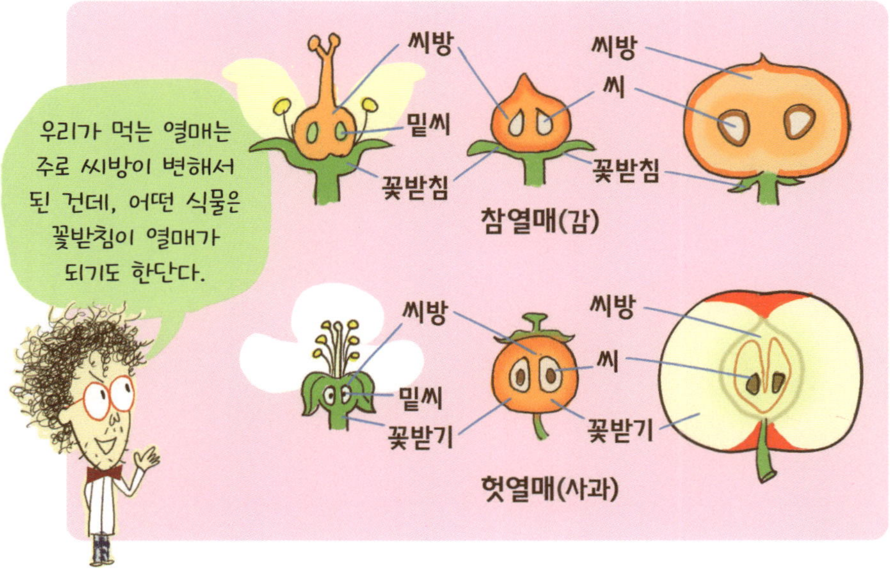
우리가 먹는 열매는 주로 씨방이 변해서 된 건데, 어떤 식물은 꽃받침이 열매가 되기도 한단다.
씨방
밑씨
꽃받침
씨방
씨
꽃받침
참열매(감)
씨방
밑씨
꽃받기
씨방
씨
꽃받기
헛열매(사과)

매를 먹어치우기 시작했다. 그런데 열매를 삼킨 돼지들이 일제히 퉤퉤퉤 하고 먹던 것을 뱉어냈다.

"에잇, 왜 이렇게 맛이 없지?"

"더는 못 먹겠네!"

아로랑 건우랑 혜리도 살짝 열매를 먹어보았다. 순간 얼굴이 찌푸려지고 몸이 바르르 떨렸다. 정말 지독하게 맛이 없었다. 하지만 에디슨만은 맛없는 열매를 우걱우걱 아주 맛있게 먹었다.

꽃 모양 쿠키 먹고 꽃으로 변신

"있잖아요, 아빠."

혜리가 공부균 선생님의 옷을 잡아당기며 말했다.

"왜 그러니?"

"제가 만약 꽃이 된다면 어떤 꽃이 될까요? 장미, 튤립, 백합?"

"내가 보기에 넌 할미꽃이 될 것 같아."

아로의 말에 건우가 낄낄낄 웃었다.

"뭐?"

화가 난 혜리의 눈썹이 치켜 올라갔다.

아로는 얼른 건우 뒤로 몸을 숨겼다. 그러자 공부균 선생님이 궁금한 건 직접 실험해 보는 게 제일 좋은 거라며 주머니 속에서 바삭바삭 고소해 보이는 쿠키를 꺼냈다.

"이게 웬 먹는 거쇼! 꿀꿀!"

이번에는 킹왕짱 돼지가 재빨리 쿠키 중 하나를 집어먹었다. 만약 아로가 킹왕짱 돼지의 다리를 잽싸게 걸어서 넘어트리지 않았더라면, 그리고 건우가 공중으로 휙 날아가는 쿠키들을 받지 못했더라면 아이들의 몫인 쿠키까지 모조리 사라졌을 것이다.

"억, 느낌이 온다, 꿀꿀!"

꽃 모양 쿠키를 먹은 킹왕짱 돼지의 몸이 둥근 씨앗으로 변하기 시작했다. 씨앗 속에서 눈이 생기더니 그 눈이 자라서 주황색의 꽃잎을 피웠다. 꽃잎은 크기만 해도 1m에 달했고, 무게도 10kg 정도까지 나갈 정도로 거대했다.

"우와, 킹왕짱 돼지는 꽃으로 변해도 정말 크구나!"

"저 꽃은 세계에서 가장 큰 꽃인 라플레시아인 것 같구나."

"향기로울까?"

혜리가 코를 킁킁거리며 다가갔다. 그걸 본 공부균 선생님이 손을 뻗으며 "안 돼!" 하고 소리쳤는데, 그보다 먼저 혜리가 꽃잎을 살짝 건드리고 말았다. 순간 아주아주 지독한 방귀 냄새 같은 것이 풍겨 나왔다.

"윽, 이게 무슨 냄새야!"

"삶은 달걀이 썩는 것 같아!"

"라플레시아는 고약한 냄새를 풍기는 꽃으로도 유명한데, 그게 다 번식을 위한 것이란다. 파리들을 유인해서 꽃가루를 이동시키기 위해 그런 냄새를 퍼트리는 거지."

"우웩!"

혜리는 코를 틀어막으며 괴로워했다. 그 사이 에디슨이 혀를 날름거리며 바닥에 떨어진 꽃 모양 쿠키를 먹어 치웠다. 순간 에디슨의 모습이 통꽃인 호박꽃으로 바뀌었다.

"하하! 에디슨은 호박을 닮았나 봐. 호박꽃으로 변했네!"

배꼽을 잡고 웃던 아로는 나는 무슨 꽃으로 변할지 궁금하다며 꽃 모양 쿠키를 날름 삼켰다. 잠시 뒤 아로가 나팔꽃으로 변했다.

"난 당연히 장미꽃이나 아름다운 백합 같은 것이겠지?"

이번에는 혜리가 꽃 모양 쿠키를 먹었다. 그러자 혜리의 몸이 점점 변하더니 배추꽃이 되었다.

그 모습을 공부균 선생님은 흐뭇한 얼굴로 '역시 약효가 잘 듣는군.' 하는 표정을 지었다.

"나는 영영 냄새나는 꽃으로 살아야 하는 것이냐, 꿀꿀!"

그때 킹왕짱 돼지가 원래 모습으로 돌아가고 싶다며 꽃잎을 펄럭였다. 순간 고약한 냄새가 주위로 가득 퍼졌다.

"윽, 그렇게 당황할 필요는 없어요. 꽃은 공부하기 위해 잠시 변신한 것뿐이니까요. 공부가 끝나면 저절로 원래대로 돌아올 거예요."

건우가 코를 틀어막으며 말했다.

"무슨 공부를 더 해야 하는데?"

"뭔가 더 배울 것이 있으니 원래대로 돌아오지 않는 것 같은데……. 그게 뭔가요, 선생님?"

건우의 물음에 공부균 선생님이 빙그레 웃었다.

"너희가 직접 알아맞혀 보렴."

"어디 보자, 알았다! 내 꽃이랑 에디슨 꽃은 꽃잎이 모두 붙어 있거나 밑동 부분이 붙어 있는데 혜리 꽃은 어딘가 달라요."

아로의 대답에 혜리가 대꾸했다.

"그러게, 나는 꽃잎이 한 장씩 서로 떨어져 있네?"

"그게 바로 통꽃과 갈래꽃의 차이란다."

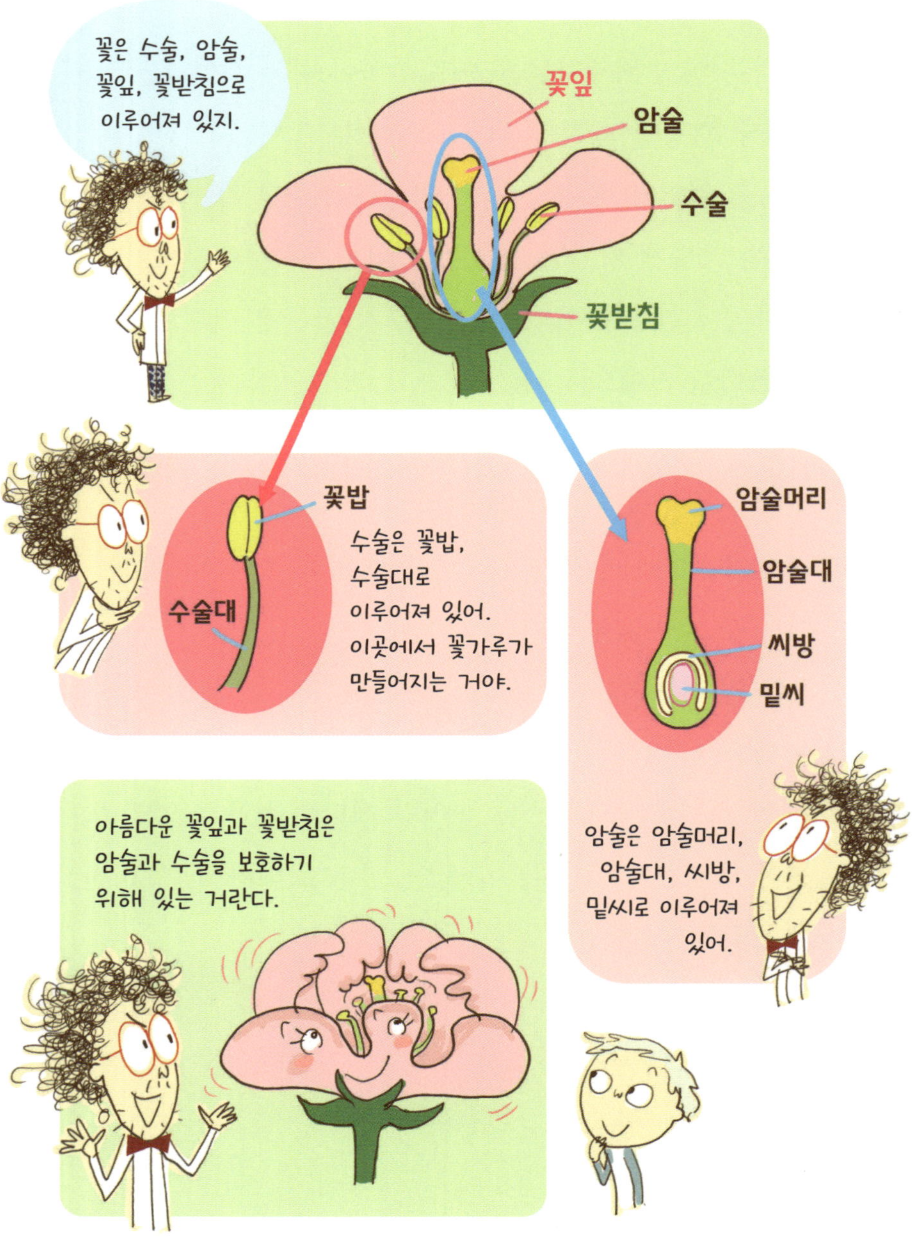

꽃은 수술, 암술, 꽃잎, 꽃받침으로 이루어져 있지.
꽃잎
암술
수술
꽃받침
꽃밥
수술대
수술은 꽃밥, 수술대로 이루어져 있어. 이곳에서 꽃가루가 만들어지는 거야.
암술머리
암술대
씨방
밑씨
암술은 암술머리, 암술대, 씨방, 밑씨로 이루어져 있어.
아름다운 꽃잎과 꽃받침은 암술과 수술을 보호하기 위해 있는 거란다.

"하하, 선생님, 모두가 정말 어울리는 꽃이 된 것 같아요! 특히 혜리 넌 정말 어울려!"

건우의 웃음소리를 들은 혜리가 얼굴을 팍 찌푸렸다. 팔다리가 있었다면 건우를 뻥 걷어찼을지도 모른다.

"당장 원래대로 돌아가고 싶어요!"

혜리가 소리치자 공부균 선생님이 시계를 내려다보며 중얼거렸다.

"3, 2, 1…… 이제 원래대로!"

순간, 아로와 혜리, 에

디슨과 킹왕짱 돼지의 몸이 원래대로 되돌아왔다.

"휴, 꽃이 되는 것도 힘이 드네!"

"난 이제부터 배추는 절대 안 먹을 거야."

아로와 혜리가 말하자 킹왕짱 돼지가 배추전이 먹고 싶다며 트림을 끄억 했다. 순간 라플레시아 향기가 입에서 끄억 하고 풍겼다.

꺼억

돼지 행성을 푸름으로 만들어라!

네 번째 실험

숲이 사람에게 꼭 필요한 이유 알아보기

창의력 호기심

식물은 열매를 왜 만드는 걸까요?
식물은 씨를 왜 멀리 퍼지게 하려는 걸까요?
숲은 어떻게 만들어지는 걸까요?

고장 선생님의 과일

“아이고, 돼지 죽네!”

“꿀꿀, 나 죽겠네!”

킹왕짱 돼지의 궁전이 병든 돼지로 가득해졌다.

응접실에도, 화장실에도, 손님방에도, 계단에도 아프다며 끙끙거리는 돼지들이 잔뜩 몰려 있었다. 어떤 돼지는 꾸에엑, 꾸에엑 소리를 질렀다. 전염병이라도 퍼진 것일까? 아로와 건우는 겁이 찔끔 났다.

“선생님, 제발 어떻게 좀 해주쇼, 꿀꿀!”

그 모습을 살펴본 공부균 선생님은 아무래도 집단으로 배탈이 난 것 같다고 했다.

“대체 무얼 먹은 거예요?”

“난 노란 과일을 먹었소.”

“난 파란 과일을 먹었지.”

아이고~

"난 빨간 과일을 먹었는데? 아이고, 배야! 아이고, 돼지 죽네!"

돼지들은 배가 아프다며 몸부림을 쳤다. 공부균 선생님은 어떤 과일을 먹은 것인지 알아보아야겠다며 직접 그림을 그려보라고 했다. 혜리는 크레파스와 스케치북을 나눠주었고 아로와 건우는 수첩을 준비했다. 돼지들이 말하는 특징을 받아쓸 준비를 한 것이다.

돼지들이 하나씩 자기가 먹은 과일의 생김새와 특징을 설명했다.

그리고 돼지들은 자기가 먹은 과일엔 또 다른 특징이 있다고 했다.

"그게 뭔데요?"

"코를 갖다 대자 누군가 나타났어. 돼지는 아니었어. 그리고 그가 이상한 노래를 불렀어. '이걸 먹어요. 맛있어요!' 노래는 정말 못 부르더군."

"그래, 하지만 그 노래를 듣고 있으면 어쩐지 그 과일을 먹어야 할 것 같단 생각이 들었어."

"맞아, 나도 그 노랫소리를 들었어!"

아로는 특징을 적다 말고 고개를 갸웃했다.

"대체 누가 그 이상한 과일을 갖다 준 거지?"

아로가 머리를 긁적이자 배가 아픈 돼지들이 끙끙거리며 말했다.

"키가 아주 작고 얼굴은 차가운 표정이었고 머리는 벗겨져 있었어. 배가 나온 데다가 서 있는 폼이 펭귄 같았어."

"펭귄이라고요?"

순간 모두의 머릿속에 교장 선생님이 떠올랐다.

"에이, 설마!"

"설마 아니겠지."

"그래, 아닐 거야."

비슷한 생각을 한 아로와 건우, 혜리가 서로의 얼굴을 바라보며 고개를 가로저었다.

누군가 갑자기 킹왕짱 돼지의 궁전 문을 요란하게 두드리기 시작했다. 아로가 문 앞으로 다가가자 아주 짧은 다리에 불룩한 배를 내밀고 있는 펭귄 같은 누군가의 그림자가 힐끗 보였다.

바로 교장 선생님이 나타난 것이다.

"교장 선생님!"

아로가 반갑게 문을 열며 외치자 교장 선생님이 로봇처럼 차가운 표정으로 아로를 힐끗 보았다.

"펭귄 선생님, 그동안 어디 계셨어요?"

"맞아, 우리가 얼마나 찾았다고요!"

"괜찮으세요?"

아로와 건우, 혜리가 묻자 교장 선생님은 대꾸하는 대신 주머니에서 뭔가를 주섬주섬 꺼냈다. 그것은 빨간색, 파란색, 노란색의 포도알보다 작은 과일이었는데, 딸기처럼 검은깨가 박혀 있었다.

"자, 선물입니다."

"이게 뭐예요?"

"이 행성에서 딴 과일입니다. 여러분에게 특별히 주고 싶어서 가져 왔어요."

교장 선생님이 말하자 아로가 고개를 갸웃했다.

“왜요? 우리가 〈오늘의 시험〉에서 백점을 맞은 것도 아니고, 특별히 공부를 잘하는 아이들도 아닌데요?”

“음.”

“맞아, 교장 선생님은 1등만 좋아하잖아요. 우리처럼 공부도 잘 못하는 보통 아이들은 좋아하지 않으면서!”

건우가 맞장구를 쳤다.

아로는 교장 선생님이 사라지기 전의 모습을 똑똑히 기억하고 있었다. 지금은 원래대로 짧고 배가 불룩한 펭귄 같은 모습이지만 사라질 때만 하더라도 키가 좀 더 컸었고 손바닥이 나뭇잎처럼 넓었다. 그런 교장 선생님이 갑자기 돌아와서 의심스러운 열매를 먹으라고 하니 수상쩍었다.

"음음!"

교장 선생님이 갑자기 목청을 가다듬더니 노래를 하기 시작했다.

"이걸 먹어요. 맛있어요."

"엇, 이 노래는!"

"돼지들이 과일을 먹기 전에 들은 노래잖아!"

아로는 순간적으로 귀를 틀어막았다. 그런데 노래를 듣던 건우는 눈동자가 스르륵 감기더니 입을 아, 하고 벌리고 말았다. 교장 선생님은 그런 건우의 입속에 빨간 열매를 툭 집어넣었다. 혜리도 눈을 감고 입을 벌리려 했다.

"안 돼!"

아로가 소리칠 때였다. 갑자기 나타난 에디슨이 교장 선생님의 손에 있던 열매들을 통째로 먹어치워 버렸다.

"에잇!"

순간 교장 선생님은 얼굴이 빨갛게 달아올랐다. 교장 선

안 돼!
캬아옹!

생님은 정말 화가 많이 난 것 같았다.

“교장 선생님, 이게 무슨 열매예요?”

아로가 묻자 교장 선생님은 펭귄처럼 짧은 다리로 슈슈슝 아주 빠르게 사라져 버렸다. 그때 건우와 에디슨이 배를 움켜쥔 채 바닥을 뒹굴뒹굴 구르기 시작했다.

“아이고, 배야!”

“야아옹!”

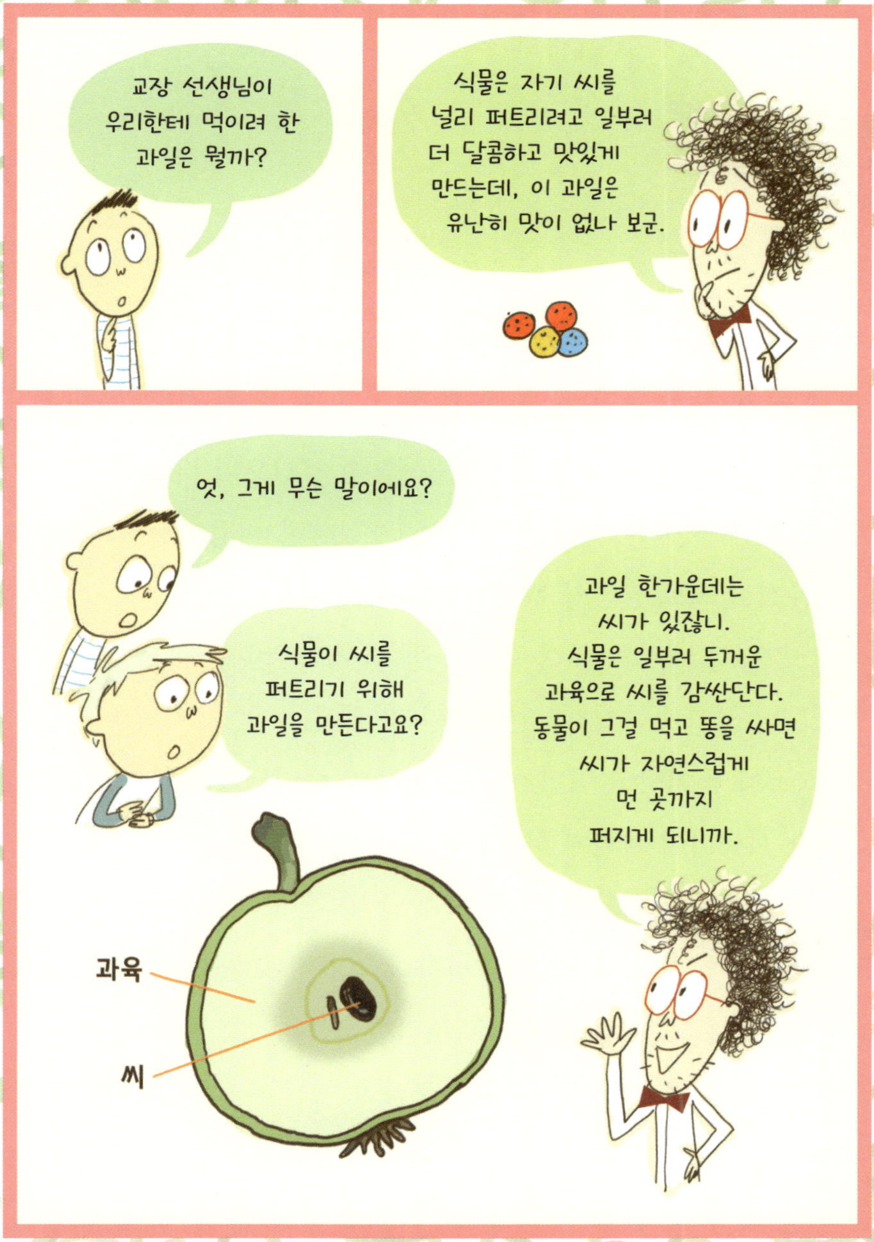
교장 선생님이 우리한테 먹이려 한 과일은 뭘까?
식물은 자기 씨를 널리 퍼트리려고 일부러 더 달콤하고 맛있게 만드는데, 이 과일은 유난히 맛이 없나 보군.
엇, 그게 무슨 말이에요?
식물이 씨를 퍼트리기 위해 과일을 만든다고요?
과일 한가운데는 씨가 있잖니. 식물은 일부러 두꺼운 과육으로 씨를 감싼단다. 동물이 그걸 먹고 똥을 싸면 씨가 자연스럽게 먼 곳까지 퍼지게 되니까.
과육
씨

가짜 교장 선생님의 정체

"윽, 똥을 너무 열심히 쌌더니 온몸에 힘이 없어."

화장실에 100번도 더 다녀온 건우가 털썩 쓰러지며 말했다. 건우는 손님방 화장실을 쓸 수 있었으니 다행이지만 다른 돼지들은 서로 화장실에 가겠다며 아웅다웅하다가 궁전 밖으로 달려가 뿌지직 설사하는 때도 있었다.

킹왕짱 돼지의 궁전 주변이 똥 냄새로 뒤덮인 것 같았다.

"난 코가 똥 냄새에 얼어버린 것 같아."

코를 틀어막고 있던 아로는 건우와 혜리에게 "애들아, 교장 선생님이 가짜가 아닐까?" 하고 진지하게 물었다.

"음, 교장 선생님이 식물에게 납치되었고 식물은 교장 선생님인 척 하고 우리 곁에 나타난 것일 수도 있지."

아로는 교장 선생님으로 둔갑한 식물이 자신의 씨앗을 퍼트리기 위해 가짜 교장 선생님인 척 흉내를 내는 것 같다고 했다.

"교장 선생님은 무사하실까?"

혜리는 교장 선생님을 걱정했다.

"도대체 교장 선생님인 척하는 그 식물의 목적은 뭐지?"

"아까 공부균 선생님이 그러셨잖아. 과일은 씨를 멀리 퍼트리려고 일부러 달콤하고 맛있게 자란다고."

"그래, 동물이 먹은 장소에서 멀리 이동하여 똥을 떨어뜨리면 씨앗이 더 멀리, 멀리까지 퍼질 수 있으니까."

"교장 선생님인 척하는 뭔가가 씨앗을 퍼트리려고 이 모든 일을 꾸민 거야."

"야옹!"

아로와 건우, 혜리, 그리고 에디슨은 이렇게 결론을 내렸다. 그런데 갑자기 세상이 깜깜해졌다. 돼지 행성은 낮이 99일, 밤이 99일 동안 계속되는 이상한 곳이라고 했는데 예고도 없이 주변이 깜깜해진 것이다.

"꿀꿀, 이럴 리가 없는데!"

돼지들은 아직 낮이어야 하는데 갑자기 어두워진 이유를 모르겠다며 웅성거렸다.

아로는 창문을 열고 밖을 내다보았다. 그러자 갑자기 창문을 비집고 나뭇가지가 쑥 들어왔다. 나뭇가지 사이로 빨주노초파남보 열매들이 주렁주렁 열려 있었다.

"바깥이 온통 이상한 과일나무 숲으로 변했어요!"

"오, 마이 갓뜨, 꿀꿀!"

"이 일을 어쩌지? 거대 뿌리만으로도 정신이 없는데."

돼지들은 우왕좌왕했다.

"윽, 교장 선생님인 척하는 그 가짜는 나빠! 씨를 멀리 퍼트리고 싶으면 여기저기 다니면서 뿌릴 것이지 왜 배탈을 나게 만드는 거람?"

"야아옹!"

건우와 에디슨이 화난 목소리로 말했다.

씨가 똥이랑 같이 땅에 떨어지면, 똥은 어린 식물이 잘 자랄 수 있도록 영양분이 되기 때문이란다.

공부균 선생님은 "식물이 과일을 만들어 동물에게 주는 이유는, 과일을 먹은 동물이 식물의 씨를 멀리 운반하게 하려는 것"이라고 설명해 주었다.

"씨를 먼 곳까지 배달시키려고 식물이 계획해둔 거였다고요? 동물이 배달원이었어요?"

"그렇다니까! 열매는 씨와 과육을 합쳐 부르는 말인데, 사과, 복숭아, 배, 감과 같은 것이 모두 열매에 속하지. 달콤하고 맛있는 과육 속에 씨를 보관하고 있는 거야."

열매의 색이 아름답다고 해서 모두 맛있는 건 아니란다. 어떤 열매는 독이 들어 있어서 먹으면 위험할 수도 있어. 예를 들어서 은행의 노란색 열매, 천남성의 빨간색 열매는 독을 품고 있지.
히익! 무섭다! 난 무조건 먹고 보는데….
동물을 유혹해야 하는데 왜 독을 만드는 거죠?
씨앗이 똥으로 무사히 밖으로 빠져나올 수도 있지만, 소화가 돼 버릴 수도 있잖니. 그래서 식물은 동물로부터 보호하기 위해 못 먹게 하려고 독을 갖기도 한단다.
역시 식물은 똑똑해. 무시해서는 안 돼.

"식물은 알고 보니 아주 교활하네요!"

"대신 우리에게 독특한 향과 맛을 내고 양분도 많이 들어 있는 열매를 주잖니."

"윽, 이 열매는 다신 안 먹고 싶을 정도로 맛이 없어요! 치사하게 색깔만 맛있다니!"

건우는 아까 교장 선생님인 척하는 가짜가 입에 넣어준 열매의 맛을 떠올리며 몸을 부르르 떨었다. 에디슨도 지독한 맛이 떠올랐는지 "끄아옹!" 하며 털을 바짝 세웠다.

"그런데 열매들은 왜 대부분 맛있는 색깔을 가진 걸까?"

"그러게? 사과는 빨간색, 오렌지는 주황색, 포도는 보라색…… 전부 엄청 먹음직스럽고 아름다운 색깔이잖아!"

아로의 물음에 혜리도 거들었다. 그러자 공부균 선생님은 어린 열매가 자랄 때의 색깔은 짙은 녹색으로 잎의 색깔과 비슷하고 아주 떫은 맛을 내지만 점점 커질수록 빨간색, 보라색, 자주색, 오렌지색 등 밝고 아름다운 색으로 변하게 된다고 했다.

"열매가 아름다운 색을 갖는 것은 씨를 운반해줄 동물을 유혹하기 위해서란다."

"유혹이요?"

"그래, 그래야만 더 멀리 씨앗을 퍼트릴 수 있을 테니까."

아로는 창밖을 빤히 바라보았다.

킹왕짱 돼지의 궁전 바깥은 이미 이름 모를 나무가 빽빽하게 자라서 숲을 이루고 있었다. 숲이 얼마나 울창한지 나무 그늘 때문에 하늘이 제대로 보이지 않을 정도였다.

하지만 햇볕이 잘 보이지 않는다는 단점 말고 장점도 있었다. 바로 창문을 열어두니 지독한 똥 냄새 말고 신선한 산소가 담뿍 들어온다는 것이었다.

"음, 향기로워!"

아로는 싱그러운 공기를 마시며 숨을 깊이 들이쉬었다.

바로 그때 빽빽하게 자란 수풀 속에서 무언가 후다닥 움직이는 게 보였다.

"엇, 저게 뭐지?"

그것은 교장 선생님의 모습을 한 가짜가 틀림없었다. 아로는 당장 가짜를 찾아가 진짜 교장 선생님이 어디 계시는지 알아내야겠다고 생각했다.

"얘들아, 교장 선생님을 찾으러 가자!"

숲으로 가자!

"안 돼."

공부균 선생님이 다시 한번 딱 잘라 말했다.

아로는 시무룩한 얼굴로 의자에 앉았다. 공부균 선생님은 아이들에게 밖으로 나가는 건 위험하니 킹왕짱 돼지의 궁전에 있으라고 했다. 대신 교장 선생님을 찾는 일은 킹왕짱 돼지와 공부균 선생님, 그리고 몇몇 돼지들이 밖에 나가 살펴보겠다고 했다.

"나도 나가기 싫소, 꿀꿀."

킹왕짱 돼지가 말했지만 공부균 선생님은 아이들을 위험에 빠트릴 수는 없다고 했다.

"왜 위험하다는 거죠? 숲은 좋은 거잖아요."

아로가 입을 삐죽이며 대꾸했다.

"그건 그래요. 아빠가 숲은 공기를 깨끗이 해 주고 홍수나 가뭄의 피해도 줄여 준댔잖아요."

"거기다가 나뭇잎이 공기 중에 떠다니는 미세 먼지나 이산화황 등의 오염 물질을 빨아들여서 공기를 깨끗하게 만들어 준다면서요?"

혜리와 건우도 한 마디씩 거들었다.

"그런 거였소, 꿀꿀?"

킹왕짱 돼지는 몰랐다며 숲에 대해 더 말해달라고 했다.

"숲은 식물들이 함께 모여 사는 마을이라고 할 수 있지. 숲속의 식물은 이산화탄소를 흡수하여 생물에게 꼭 필요한 산소로 바꾸어 주니까. 거기다가 먹을 것도 주고, 우리에게 필요한 나무도 주고, 여러 동물이 살아갈 수 있도록 해 주니까."

"그런데 왜 우리더러 숲에 가지 말라는 거예요?"

"그건 보통 숲일 때 이야기고, 바깥에 있는 숲은 무엇이 어떻게 될지 모르니까 위험하다는 거야."

공부균 선생님이 그 어느 때보다 엄하게 말했다. 그러자 킹왕짱 돼지와 다른 돼지들이 겁에 질려 말했다.

"그, 그런 위험한 숲에 우리더러 가보자고?"

"우린 싫소, 꿀꿀!"

킹왕짱 돼지와 다른 돼지들이 나가지 않겠다고 하자 공부균 선생님은 한숨을 내쉬었다. 그때 아로가 건우와 혜리에게 소곤소곤 말했다.

"얘들아, 우리끼리 몰래 가보자."

"그러다 위험한 일이 생기면?"

"그럴 리 없어. 가짜 공부왕 교장 선생님이 우리를 해친 건 아니잖아. 만약 우릴 해칠 생각이었다면 진작 공격했을 거야."

아로의 말에 건우가 배를 어루만졌다.

"하지만 배는 아프게 했지."

"그건 씨앗을 퍼트려야 하니 어쩔 수 없었잖아."

숲에 무엇이 있을까, 아로는 호기심을 누를 수 없었다. 공부균 선생님이 새 제안을 했다.

"그럼 이렇게 하자. 우리가 숲으로 가는 대신 대신 로봇을 보내는 거야."

"대신 로봇이요?"

"아로 로봇, 건우 로봇, 혜리 로봇을 보내도록 하자. 그러면 직접 숲에 가보지 않아도 모든 걸 이 자리에서 확인할 수 있어."

"그거 좋아요!"

아로도 건우도 혜리도 고개를 끄덕였다. 공부균 선생님은 미니 로봇 세 개를 꺼내더니 태엽을 감기 시작했다.

"자, 꼬마 로봇들이 숲을 살펴보고 올 때까지 기다리자."

공부균 선생님이 태엽이 모두 감긴 로봇을 땅에 내려놓았다. 그러자 꼬마 로봇들이 지직지직 소리를 내며 밖을 향해 걸어갔다. 모두는 로봇에 부착된 카메라를 통해 숲을 살펴볼 수 있었다.

꼬마 로봇들이 보여 준 숲의 모습은 어딘가 달랐다. 얼마 전까지만 해도 눈이 시릴 정도로 푸릇푸릇했던 숲이 부분부분 갈색으로 변해 있었다. 게다가 나무들은 모두 가지를 하늘 높이 뻗고 있었다. 나무들은 서로 조금이라도 더 크고 높이 자라려고 경쟁을 하는 것 같았다.

"엇, 키가 작은 나무들은 모두 시들었어요."

아로가 모니터를 가리키며 말하자 공부균 선생님은 아무래도 나무들끼리 광합성을 하려고 경쟁하다가 이런 일이

벌어진 것 같다고 했다.

“광합성이요?”

“그래, 식물은 영양분을 만들기 위해 햇빛이 필요하지. 잎이 햇빛을 받아야 나뭇잎에 있는 엽록소가 빛에너지를 흡수해서 에너지를 만들거든. 그런데 나무가 너무 많으니 그늘이 생겨서 빛을 마음대로 받지 못하게 된 거야.”

“아하, 그래서 키가 큰 나무만 살아남은 거로군요.”

"그래, 나무가 잘 자라려면 어느 정도 간격이 필요하단다. 너무 나무들끼리 빽빽하게 모여 있으면 나뭇잎들이 빛을 잘 받아들일 수가 없으니까."

공부균 선생님이 말할 때였다. 갑자기 창밖에서 킬킬킬 하는 기분 나쁜 웃음소리가 났다. 아로는 수풀 사이에 숨어 귀를 쫑긋하고 있는 누군가를 발견했다.

"저기 누가 숨어 있어!"

"교장 선생님!"

수풀 속에서 튀어나온 건 교장 선생님, 아니, 가짜 교장 선생님이었다. 가짜 교장 선생님은 아주 교활한 표정을 지으며 웃었다.

"나는 사실 나무 행성의 나무 외계인이다."

가짜 교장 선생님이 공부왕 교장 선생님처럼 생긴 껍데기를 벗어버렸다. 그러자 나뭇잎 손발을 가진 나무 외계인이 나타났다. 나무 외계인은 나무 둥치 한가운데 눈과 입이 있었고, 얼굴과 몸은 꺼끌꺼끌한 나무껍질로 이뤄져 있었다.

"우리 교장 선생님은 어디 계신 거죠?"

아로가 소리치자 나무 외계인은 처음부터 교장 선생님은 이곳에 오지 않았다고 했다.

"그게 무슨 말인가요?"

"이상하게 내가 씨를 뿌린 행성마다 나무가 오래 버티지 못하고 시들어버렸어. 그래서 나는 은하계에서 가장 나무가 많은 행성인 지구로 가보기로 했지."

나무 외계인은 지구를 둘러보던 중 공부균 선생님의 과

나는
나무외계인이다!

학교실을 발견하고 숨어들기로 했다고 한다.

"교장 선생님의 모습으론 어떻게 변한 거예요?"

"과학교실 주위를 누군가 살펴보고 있더군. 그게 바로 교장 선생님이었던 거야."

"아!"

나무 외계인의 말에 아이들은 비로소 모든 의문이 해결되는 듯했다. 처음 엘리베이터에 올라탄 교장 선생님이 엘리베이터가 하늘을 뚫고 우주로 날아가는데도 별로 놀라지 않았던 건 사실 그 정체가 외계인이었기 때문이었다.

"이제부터 이 행성은 우리 나무 외계인들이 접수하겠다."

나무 외계인은 거대 뿌리와 돼지들을 내쫓고 기름진 돼지 행성을 차지할 거라고 말했다.

"흥, 누구 맘대로, 꿀꿀!"

킹왕짱 돼지는 당장 자기 별에서 나가라며 소리를 "꽥" 하고 질렀다.

"아니, 나가야 하는 건 바로 너희들이야!"

나무 외계인은 이미 수많은 나무 외계인들이 행성 곳곳에 뿌리를 박았다며 다신 떠날 수 없다고 했다.

"꿀꿀, 여긴 우리 땅이라고!"

킹왕짱 돼지와 다른 돼지들이 나무 외계인을 공격하려 할 때였다.

"잠깐! 내게 좋은 방법이 있소!"

공부균 선생님이 모두를 말리며 소리쳤다.

나무가 홍수를
막아준다니, 어떻게
그럴 수 있죠?
나무에겐 비를
멈추게 하는 능력이
있는 거 아닐까?
흙 속에는 풀이나
나무의 뿌리들이 촘촘히
뻗어 있단다.
이런 뿌리와
흙 사이에는
작은 공간들이 많아.
여름에 한꺼번에 많은 비가 내릴 때는 이 공간에
물이 스며들어 흙 속에 물을 저장하게 돼.
이 물이 계곡으로 흘러들고, 다시 강으로 흘러 들어가지.
그래서 비가 많이 오더라도 나무가
많은 곳은 산사태가 쉽게 일어나지 않고
강물이 갑자기 불어나지 않는 거란다.

"무슨 방법?"

"우리더러 양보하란 말은 하지 마쇼, 꿀꿀!"

모두 공부균 선생님을 바라보았다. 공부균 선생님은 나무 외계인에게 나무가 잘 자라려면 뭐가 필요한지 생각해 보라고 했다.

"그건……."

나무 외계인은 물과 거름, 햇빛이 필요하다고 말했다.

"한 가지가 더 있을 텐데?"

"그게 뭔데, 꿀꿀!"

킹왕짱 돼지가 물었다.

"바로 이산화탄소가 있어야 하지. 그런데 나무만 있다면 이산화탄소를 필요한 만큼 구할 수가 없으니 돼지들과 함께 살아가라는 거요."

공부균 선생님의 말에 아로와 건우, 혜리가 거의 동시에 물었다.

"나무에 이산화탄소가 필요하다고요?"

"왜요?"

"이산화탄소는 나쁜 거 아니에요?"

"나무는 햇빛, 물, 이산화탄소를 이용해 영양분을 만든단다."

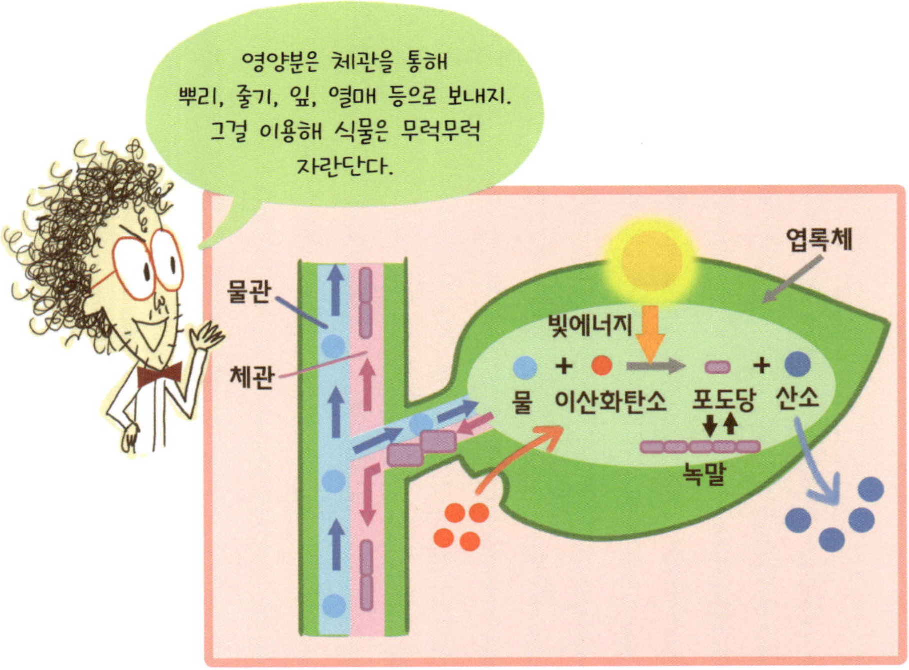

"헛, 우리는 생활하는데 산소가 꼭 필요한데, 나무는 이 산화탄소가 필요하군, 꿀꿀!"

"그렇지. 나무가 광합성을 하는 과정에서 만들어진 산소는 우리가 숨을 쉬는 데 꼭 필요한 것이니까."

공부균 선생님의 말에 킹왕짱 돼지는 나무 외계인이 원한다면 무조건 내쫓지 않겠다고 말했다. 나무 외계인도 자신들이 살기 위해서는 돼지 행성의 돼지들이 필요하다는 것을 깨달은 듯 더 이상 공격적인 말투를 사용하지 않았다.

"그럼 모두 사이좋게 지내기로 약속?"

공부균 선생님이 새끼손가락을 높이 치켜들며 물었다.

"하지만……."

킹왕짱 돼지는 한 가지 걸리는 게 있다는 듯 우물쭈물 망설였다.

"왜 그러는데요?"

"나무 외계인이랑 사이좋게 살면 되잖아요."

"맞아!"

아로와 건우, 혜리가 말하자 킹왕짱 돼지가 머리를 긁적이더니 말했다.

"다 좋은데 열매가 너무 맛이 없어. 그걸 먹고 설사만 계속 해댈 게 뻔한데 어떡해."

"아!"

그때였다. 돼지 중 하나가 킹왕짱 돼지에게 매우 먹음직스러운 볶음 요리를 들고 왔다.

"킹왕짱이시여, 이것을 좀 맛보십시오."

볶음 요리는 정말 달콤하고 맛있는 냄새가 났다. 게다가 빛깔도 먹음직스러워서 군침이 꿀꺽 삼켜질 정도였다.

"맛있겠다!"

아로와 건우, 혜리, 그리고 에디슨도 군침을 삼켰다.

"아까 그 열매를 볶았더니 아주 맛있어요."

"게다가 먹어도 배가 아프지 않아요."

"정말 기가 막히게 맛있다니까요!"

돼지들의 말에 킹왕짱 돼지는 당장 새끼손가락을 치켜들

었다. 그러자 나무 외계인이 씨익 웃으며 새끼손가락을 걸었다.

"자, 이제부터 돼지 행성에서 모두 사이좋게 살기로 약속!"

"약속!"

공부균 선생님 덕분에 돼지 행성의 돼지들과 나무 외계인이 평화 협정을 맺게 되었다.

"앞으로 돼지 행성을 돼지 푸름 행성이라고 부르자."

공부균 선생님의 말에 모두 고개를 끄덕이며 행복한 표정을 지었다.

아로와 건우, 혜리, 에디슨과 공부균 선생님은 엘리베이터를 타고 다시 과학교실로 돌아왔다.

과학교실에 도착한 아로는 온몸이 녹초가 된 것 같다며 철썩 누워 버렸다.

"나도!"

혜리와 건우도 바닥에 덩달아 누웠다. 그때 창가에서 바스락 소리가 났다. 아로가 고개를 들어 창밖을 보니 펭귄처럼 짧은 다리, 모기향처럼 돌돌 말린 수염의 공부왕 교장 선생님이 후다닥 도망치는 모습이 보였다.

"대체 교장 선생님은 우릴 왜 자꾸 엿보는 거지?"

아로가 고개를 갸웃거렸다.

6권 곤충편으로 이어집니다.

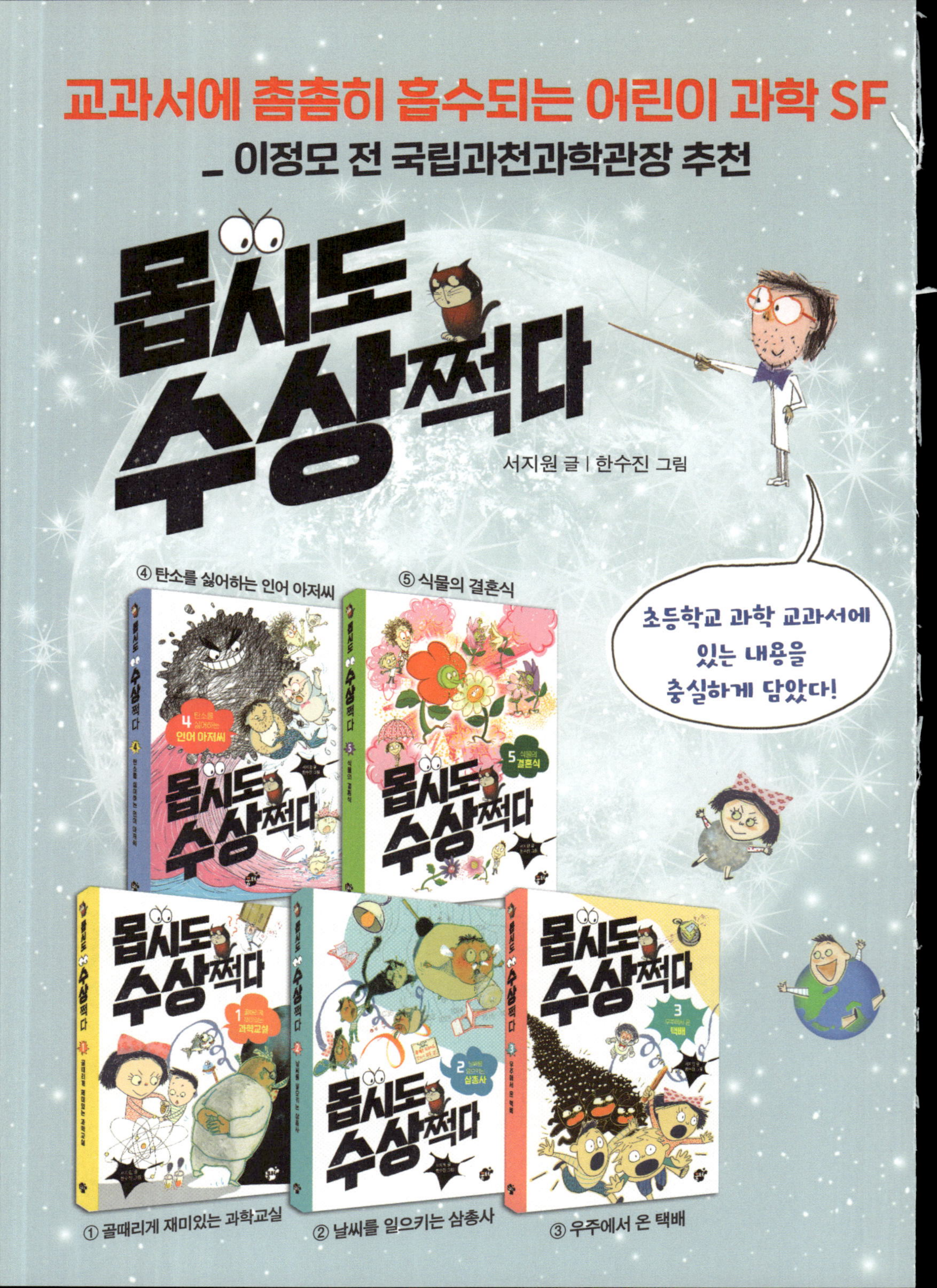
교과서에 촘촘히 흡수되는 어린이 과학 SF
_ 이정모 전 국립과천과학관장 추천
몹시도 수상쩍다
서지원 글 | 한수진 그림
초등학교 과학 교과서에
있는 내용을
충실하게 담았다!
④ 탄소를 싫어하는 인어 아저씨
⑤ 식물의 결혼식
① 골때리게 재미있는 과학교실
② 날씨를 일으키는 삼총사
③ 우주에서 온 택배

궁금한 게 있으면 직접 그것이 되어 보는 골때리게 재미있는 과학교실!

1 골때리게 재미있는 **과학교실**

액체로 변하는 케이크, 기체로 변하는 음료수,
1살로 돌아가는 상자, 동물들과 대화하는 신기한 알약까지…….

2 날씨를 일으키는 **삼총사**

변덕쟁이 날씨를 바꾸는 리모컨과 돼지 기상 캐스터의 등장.
태양 쿠키와 지구 젤리는 무슨 맛일까?

3 우주에서 온 **택배**

우주에서 택배가 왔다고? 행성 사탕은 무슨 맛일까?
이번에는 우주를 낱낱이 파헤쳐 보자!

4 탄소를 싫어하는 **인어 아저씨**

인어와 뽀뽀하면 물속에서 숨을 쉰다고?
인어 마을에 놀러 간 아로와 아이들. 그런데 바닷속이 심각하다……!
미쳐가는 날씨를 해결하자.

5 식물의 **결혼식**

식물대화젤리를 먹고 씨앗이 되어버렸다고?
돼지 행성에서 무전이 왔다고? 지구인들이여, 우리 돼지들을 도와주시오!

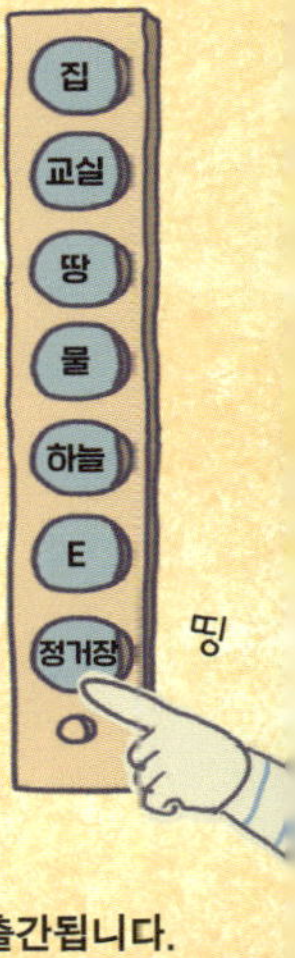

〈몹시도 수상쩍다〉시리즈는 계속 출간됩니다.